Kurt Tepperwein  o  Felix Aeschbacher

## Die Kraft der Intuition

AF205958

Kurt Tepperwein
Felix Aeschbacher

# Die Kraft der Intuition

Originalausgabe 2011
© 2011 Wilhelm Goldmann Verlag, München
in der Verlagsgruppe Random House GmbH

Sonderauflage
**2019 © by IAW Anstalt, Vaduz**
www.iadw.com

ISBN: 978-3-7481-3923-2

Die Deutsche Nationalbibliothek verzeichnet diese Publikation
in der Deutschen Nationalbibliografie; detaillierte bibliografische Daten
sind im Internet über www.dnb.de abrufbar.

Umschlaggestaltung: www.layART.li
Umschlagmotiv: ©fotolia.com

Herstellung und Verlag: BoD – Books on Demand, Norderstedt
Made in Germany

Internationale Akademie der Wissenschaften (IAW) Anstalt, FL-9490 Vaduz
Tel. +423/233 12 12, Fax +423/233 12 14

# Inhaltsverzeichnis

# Vorwort

Der Kosmos ist durchdrungen von einer faszinierenden Ordnung. Diese Ordnung spiegelt die Universalgesetze des Seins wider. Je mehr ein Mensch mit diesen Gesetzen in Einklang lebt, desto mehr inneren Frieden, Harmonie und Glück erlebt er.

Diese Gesetze werden z. T. als »Naturgesetze« in den Schulen unterrichtet. Doch bereits die Vermittlung dieser Gesetze an die Lernenden ist weitgehend entfremdet. Die Gesetze des Lebens werden auf abstrakte und leblose Weise unterrichtet, dass man damit im »wahren Leben« kaum etwas anzufangen weiß. Denken wir an die berühmte Formel von Einstein: $E = m \times c^2$. Denken wir an die Mendelschen Vererbungsgesetze, denken wir an die Energie-Erhaltungsgesetze in der Physik, die Thermodynamik. Mit wie viel Aufwand werden Formeln gepaukt, Sätze auswendig gelernt, Axiome heruntergebetet, um sie nach der nächsten Klassenarbeit schnell wieder zu vergessen.

Was hat das mit dem »wahren Leben« zu tun?, fragen sich die jungen Menschen. Die Gesetzmäßigkeiten des Lebens zu erkennen und nach ihnen zu leben scheint in ihren Augen nur etwas für »Streber« zu sein, für weltfremde Karrieristen.

Dabei war das Erkennen und Anwenden der Naturgesetze vor über 10 000 Jahren Grundlage einer großen Revolution in der Geschichte der Menschheit.

Das bewusste Anwenden von Naturgesetzen brachte uns die Kultur und Zivilisation: Ackerbau und Viehzucht, Sesshaftwerden in Dörfern und Städten, Privateigentum, Produktion von Überfluss, die Menschen fielen aus der zyklischen Zeit in die Linearität der Zeitachse.

Jeder Bauer kannte die wichtigsten Naturgesetze und lebte nach ihnen. »Die Gesetze der Ernte« könnten wir diese praktischen Naturgesetze zusammenfassend nennen. Denn alles drehte sich darum, wie eine reichhaltige Ernte erzielt werden kann. Unser Wissen ist heute abstrakter geworden – damit aber oft auch lebensfremder. Unsere Vorfahren (noch in den letzten Generationen) haben viel mehr im Einklang mit den Naturgesetzen gelebt.

Wir erinnern uns an einige dieser »Gesetze der Ernte«, da sie heute auf einer anderen Ebene wieder ganz aktuell werden (ich komme darauf zurück):

1. Saatgut ist eigentlich Nahrung. Um säen zu können, darf das Saatgut nicht konsumiert, sondern muss gespart werden. Mehr noch: Es muss sogar losgelassen, d. h. weggeworfen werden. Ohne das Saatgut loszulassen, kann es nicht arbeiten, d. h. wachsen und sich vermehren.

2. Wie gut das Saatgut wächst, hängt auch vom Boden ab, auf den es fällt. Man muss also auch auf die Qualität des Ackerbodens achten, den Boden vor der Aussaat bestellen und möglicherweise auch düngen. Der Ackerboden sollte auch kein fremder sein, sodass andere die Ernte einfahren.

3. Man muss auf die richtige Saatzeit achten: Es ist wenig sinnvoll, in der Erntezeit zu säen oder gar im Winter. Wenn man zur richtigen Zeit erntet, muss man auch Ge-

duld für die Reifezeit haben. Man darf nicht gleich die Sprösslinge gierig abgrasen. Vertrauen und Geduld gehören zu den Voraussetzungen für eine reiche Ernte.

4. Schon vor der Aussaat muss man wissen, was man ernten will. Es ist klug, genau das zu säen, was man ernten will. Man ist frei, zu säen, was man will, aber wenn man einmal etwas gesät hat, ist man nicht mehr frei, was man ernten kann.

5. Monokultur ist sehr anfällig. Besser ist es, verschiedene Arten auf unterschiedlichen Böden mit unterschiedlicher Erntezeit zu säen.

6. Um reiche Ernte einzufahren, sollte man das heranwachsende Saatgut auch pflegen: wässern, Unkraut jäten, damit die Saat genügend Licht, Nahrung und Platz zum Wachsen hat.

7. Wenn die Zeit gekommen ist, muss die Ernte natürlich auch angenommen und eingefahren werden. Man kann die ganze Arbeit zunichte machen, wenn die reife Saat nicht auch mit großer Sorgfalt geerntet wird, sondern auf dem Feld verdirbt.

8. Nicht zuletzt darf auch nicht die ganze Ernte als Nahrung konsumiert werden, sondern muss ein Teil der Ernte wieder als Saatgut eingesetzt werden, um es in der nächsten Aussaat zu re-investieren.

Jeder Bauer hat im Laufe der Jahrtausende und Hunderten von Generationen diese »Naturgesetze« als »Gesetze der Ernte« verstanden und nach ihnen gelebt. Unser ganzer gesellschaftlicher Reichtum basiert auf diesem Wissen über Naturgesetze.

Heute stehen wir vor einer Revolution, die der Umwandlung der Menschheit von vor 10 000 Jahren in nichts nachsteht. Wir beginnen, von unserem inneren, dem geistigen Ackerboden Besitz zu ergreifen, Ideen pflanzen, geistiges Unkraut jäten, Potenziale entfalten und aus uns heraus zu wachsen.

Unsere Ernte wird eine neue, veränderte Welt sein, eine wirklich kultivierte, menschliche Welt, in dem der Mensch dem Menschen ein Freund und Partner sein wird.

In dieser Zeit ist es immer wichtiger, sich mit den geistigen Gesetzen vertraut zu machen, ihre Bedeutung für das praktische Leben zu erkennen, die Ordnung unseres Lebens nach den geistigen Gesetzen auszurichten. Mögen auch unsere Kinder und die heranwachsende Generation damit wieder eine neues, lebendiges Verhältnis zu den Universalgesetzen des Kosmos bekommen: als Orientierung und Wegweiser für den eigenen Lebensplan.

Wir besitzen ganze Bibliotheken über die Naturgesetze, doch kaum ein Regal über die geistigen Gesetze. In dieser Zeit ist jedes Buch, das sich mit diesem Thema beschäftigt und unser Wissen und unsere Erkenntnisse erweitert, besonders wertvoll.

# Einleitung

Das Buch »Die Kraft der Intuition« kann Ihr Leben verändern! Geht es doch um die Grundfragen des Lebens und eine faszinierende Möglichkeit, Ihr Leben neu zu gestalten: erfolgreicher, harmonischer, glücklicher und liebevoller.

Könnten Sie sich vorstellen, jahrelang blind durch das Leben geirrt zu sein und plötzlich sehen zu können? Würde die Zunahme eines Sinnes (des Gesichtssinnes) Ihr Leben nicht dramatisch verändern?! Das Buch lädt Sie ein, die Augen zu öffnen und Ihr Leben im Licht zu führen.

Wir kennen allgemein fünf Sinne: den Tast-, den Geschmack-, den Geruch-, den Hör- und den Gesichtssinn. Doch es gibt auch den sechsten Sinn! Und das ist die Intuition, über die jeder Mensch im Prinzip verfügt. Doch die meisten Menschen sind für die Intuition blind.

Dieser neuen Dimension des Lebens können wir uns jedoch öffnen. Es ist wie die Augen öffnen nach jahrelanger Blindheit.

Sich des sechsten Sinns der Intuition zu bedienen, wird schon bald kein Luxus mehr sein, nicht »Sehern« (!) und Heilern vorbehalten bleiben. Die Welt wird bald so komplex sein, dass wir ohne die Intuition nicht mehr zurechtkommen. Schon in wenigen Jahren wird das Vertrauen auf die Intuition von entscheidender Bedeutung sein, um das Leben erfolgreich führen und meistern zu können.

Wie heißt es doch so treffend? »Unter Blinden ist schon der Einäugige König!«

Ein zweites großes Thema des Buches sind die geistigen Erfolgsgesetze, sozusagen die Rückseite der Medaille, die Verstandesseite.

Intuition ist wie ein Traum immer eine Wahrnehmung, die erst interpretiert, mit dem Verstand gedeutet werden muss. Das ist für jeden Sinn völlig normal:

Wir nehmen ein Klangmuster wahr, das wir als »Telefon klingelt« deuten und nicht als ein Signal der Waschmaschine, dass der Waschvorgang beendet ist. Wir nehmen ein Lichtmuster wahr, das wir als »Baum« interpretieren und nicht als Haus. Das Lichtmuster in unseren Augen sagt uns nicht von sich aus: »Ich bin ein Baum.«

Versetzen Sie sich nur eine Minute in die staunenden Augen eines Kleinkindes, auf das unzählbare, chaotische Reize einwirken, und die es noch nicht auseinanderhalten, differenzieren kann. Oder ein Mensch mit heftigen nächtlichen Träumen, ohne ihre Symbolik verstehen zu können.

Öffnen wir uns der Intuition, so können wir auch überflutet werden von Informationen, die wir mit unserem Verstand noch nicht deuten können. Die geistigen Erfolgsgesetze sind ein Interpretationsschema für intuitive Einfälle (Inspiration) und ein Schema für das Umsetzen intuitiver Impulse in kraftvolles Handeln.

Der sechste Sinn der Intuition und die geistigen Erfolgsgesetze ermöglichen uns eine völlig neue Art des Lebenserfolges. Es ist ein Erfolg, der nicht mehr auf Kosten anderer (auch nicht der eigenen Gesundheit oder Familie) errungen wird, sondern zu mehr persönlicher Harmonie, mehr gemeinsamem Glück und Erfüllung führt. Und dies betrifft nicht nur die private Sphäre, sondern erst recht die gemeinschaftliche und globale Sphäre.

Alle großen Denker unserer Zeit sind sich darin einig, dass die Menschheit am Abgrund steht. Manche glauben, es sei bereits zu spät. Andere streiten sich noch über den Ausweg.

Es kann aber gar kein Zweifel daran bestehen, dass das Erwecken der Intuition und das Leben nach den geistigen Erfolgsgesetzen ein entscheidender Bestandteil für die GROSSE WENDE in der Menschheitsgeschichte ist.

Und auch das ist ein geistiges Gesetz (das Gesetz der Analogie oder Entsprechung): Wie im Großen, so im Kleinen, wie im Kleinen, so im Großen! Jeder trägt mit seinem persönlichen Leben durch die PERSÖNLICHE WENDE an der GROSSEN WENDE der Menschheit bei. Insofern ist dieses Buch ein Buch der Wendung zum Besseren.

Das Buch vermittelt einerseits Bewusstsein, leitet aber auch dazu an, die Intuition zu wecken und zu stärken.

Die praktischen Übungen dieses Buches als Ihr Erfolgstrainer erfassen drei Ebenen, um diese drei Ebenen zu harmonisieren und synergetisch zu stärken:

• Übungen auf der Ebene des Unterbewusstseins: Hier werden vor allem durch positive Affirmationen alte, überholte und bremsende Glaubenssätze neutralisiert und durch positive, bekräftigende und förderliche Glaubenssätze ersetzt. Wir müssen uns nur bewusst sein, wie viele Hunderte Mal wir im Leben zu hören bekommen haben: »Das schaffst du nicht!« Das sitzt tief und kann unser ganzes Leben sabotieren. Eine Affirmation wie »Ich schaffe alles, was ich will!« kann mit der Zeit unsere unbewussten Kräfte und Energien positiv mobilisieren.

- Übungen auf der Ebene des Bewusstseins: Hier ist das Erkennen und Anwenden der geistigen Gesetze ein mentales Training, um negatives Denken und Vorurteile zu überwinden, den Geist für neue und auch überraschende Erlebnisse und Erkenntnisse zu öffnen. Ein gesunder Geist öffnet sich höheren Sphären und erstarrt nicht mehr in Dogmen und festgefahrenen Meinungen als Abwehrhaltung gegen alles »Transrationale« (leicht zu verwechseln mit »Irrationalem«). Ein selbstbewusster Verstand kann für höhere Bewusstseinsstufen auch einmal Pause von sich selbst machen, ohne seinen Untergang zu befürchten.
- Übungen auf der Ebene der Intuition: Sind die Mühlsteine unbewusster Glaubenssätze durch positive, beflügelnde Affirmationen ersetzt, ist die Starrheit des Verstandes zum sich öffnenden Geist gewandelt, wird die Bahn frei, dass uns Intuition erreichen kann. Hier eignen sich seit »Menschengedenken« besonders meditative Übungen, um sich der neuen Bewusstseinssphäre, der Spiritualität zu öffnen.

Möge das Buch Ihnen ein zuverlässiger Begleiter für einen völlig neuen Lebensabschnitt sein, dem Erwachen zu einem ethisch erfolgreichen, sinnerfüllten und glücklichen Leben in Licht, Liebe und Lachen. Sie haben es sich verdient und sind es wert!

# Teil 1
# Das Spektrum

Wir brauchen Orientierung! Wie wollen wir unseren Platz im Leben finden, wenn wir orientierungslos umherirren? Orientierung setzt mich in eine bestimmte Zeit, an einen bestimmten Ort des »Kosmos« (= Ordnung), von wo aus ich den Sinn meines Lebens bestimmen kann.

Unser in diesem ersten Teil des Buches ausgebreitetes Spektrum der Orientierung umfasst:

- Die große Kette des Seins: Hier erfassen wir in groben Zügen das Spektrum der Evolution und Schöpfung, vom Licht über Materie, Mensch zum GEIST.
- Die Ebenen des Menschseins: Das Spektrum umfasst die vier wichtigsten Ebenen des Menschseins, die wir klar voneinander differenzieren sollten.
- Die Ebenen des Bewusstseins: Hier unterscheiden wir drei große Spektralbereiche.
- Die menschliche Wahrnehmung: Wir erkennen, dass das Spektrum der Wahrnehmung weit über die fünf Sinne hinaus geht.
- Die Handlungskompetenz: Mit der Bewusstseinserweiterung bekommt das Spektrum unseres Handelns eine neue Qualität und damit eine höhere Kompetenz.

Im oberflächlichen Chaos die tiefere Ordnung zu erkennen, macht uns sozusagen vertraut mit dem »Schöpfungsplan«. Sobald wir uns in diese »göttliche Ordnung« einordnen können, können wir unsere Lebensaufgabe erkennen und übernehmen, können unseren selbstbewussten und verantwortungsbewussten Beitrag zur Weiterentwicklung der Schöpfung leisten.

Das Spektrum der Orientierung bringt uns in Einklang mit dem großen Ganzen.

Ein Spektrum (z. B. die Spektralfarben) ist gekennzeichnet durch die Unendlichkeit der Graduierung. In diesen »Regenbogenfarben« können wir grobe Unterscheidungen treffen (rot – gelb – blau), diese Unterscheidungen dann immer weiter differenzieren. So sind die hier vorgenommenen Unterscheidungen der einzelnen Spektren im ersten Schritt so grob wie rot-gelb-blau bei den Regenbogenfarben und lassen weitere Differenzierungen zu.

INTUITION geht durch den Filter des Geistes. Ein dogmatischer, egozentrischer, rechthaberischer Verstand ist blockiert gegenüber intuitiver Eingebung, Inspiration und Kreativität. Je mehr wir aber gedanklich im Einklang stehen mit dieser »göttlichen Ordnung« und in ihr Orientierung finden, desto mehr wird unser innerer geistiger Raum zu einem Resonanzkörper für Intuition. Durch die Einstimmung auf diese Ordnung sind unsere Antennen ausgerichtet und die Empfangsfrequenz optimal eingestellt. So kann die Intuition über einen klaren Geist kraftvoll wirken.

# Vom Konflikt zur Harmonie

Unser Leben ist wie die ganze Schöpfung von einer äußeren weltlichen und einer inneren geistigen Ordnung bestimmt. Viele Probleme entstehen, weil die innere und die äußere Ordnung nicht miteinander harmonieren.

Jeder von uns weiß, wie es ist, wenn sich zwei Wesensanteile unserer Persönlichkeit – z. B. unser nach außen gerichteter Verstand einerseits und unsere inneren Gefühle andererseits – einander mehr oder weniger feindlich gegenüberstehen. Beide nehmen für sich in Anspruch zu wissen, was wir unbedingt brauchen, was wir erreichen müssen, damit wir glücklich und zufrieden sind.

Unsere Gefühle spielen häufig nicht mit: Alles scheint für den Verstand bestens zu sein und plötzlich tauchen unstimmige Gefühle auf, die man selbst gar nicht erwartet hat. Wir haben das Gefühl, nicht im Zentrum unserer Persönlichkeit zu sein, nicht unser ganzes menschliches Potenzial ausschöpfen zu können.

Oder andere innere Orientierungen, die uns prägen und uns oft mehr bestimmen, als es unserem Verstand lieb ist: Jeder von uns hat seine eigenen inneren und verinnerlichten Bilder, die Sprache des Unterbewusstseins. Bilder, die wir von außen – oft mit den besten Absichten – eingepflanzt bekamen, und die wir aus kindlichem Unwissen, vermeintlicher Einsicht oder Nachgiebigkeit akzeptierten, sind die verinnerlichten Bilder.

Die vielen Ermahnungen im Kindesalter – »Vorsicht, fasse das nicht an!« – »Du kannst da hinunterfallen.« – »Du kannst dir da wehtun!« – waren gut gemeint, aber im besten Falle für die momentane kindliche Entwicklungsphase angebracht und wahrscheinlich selbst für dieses Entwicklungsstadium bereits zu restriktiv.

Und viele dieser »wohlgemeinten«, von uns verinnerlichten Bilder beschränken uns in unserem Leben auch später noch, da sie vom Bewusstsein vergessen nun im Unbewussten rumoren. Diese »uns behütenden« Bilder – einst wohlgemeint ins Bewusstsein gepflanzt – sind zur Grenze für unser persönliches Wachstum geworden. Diese klein haltenden Bewusstseinsinhalte sollten wir durch Bilder des Mutes und der Zuversicht ersetzen.

Aber auch die Bilder, die wir tagtäglich z. B. durch unseren Fernsehkonsum verinnerlichen, beeinflussen unser Unterbewusstsein. Bilder und Emotionen werden assoziativ verknüpft und gespeichert. Oft weiß man gar nicht mehr, ob die Werbespots die Filme unterbrechen oder die Programme die Werbespots. In den Filmen selbst dominieren die Werbebotschaften das Geschehen, die Autos, die benutzt, die Ausstattung, die verwendet und die Kleider, die getragen werden, was und wie gesprochen wird.

Alles das sind ferngesteuerte Botschaften an das Unterbewusstsein. Diese Bilder dienen nicht primär unserer Bewusstseinsentwicklung, sondern tragen die Absichten und Beeinflussungen an uns heran, die dem Beobachter kaum bewusst werden. Höhere geistige Anliegen wie Moral, Ethik, Sinn, Friede, Harmonie, das Erkennen der eigenen Lebensaufgabe bleiben hier meistens auf der Strecke. Die

Bilder, die diese Bedürfnisse ins Bewusstsein rücken, werden selten von außen an uns herangetragen. Die menschlichen Grundbedürfnisse wie soziales Engagement, sich für eine Sache einsetzen, sich glücklich fühlen, zufrieden sein, setzen eine Umgebung voraus, in der diese Werte gefördert werden und gedeihen können.

Wie bringen wir also die oft widerstreitenden unbewussten Gefühle und Bilder mit unserem Verstand, unseren Lebenszielen, unseren ethischen Orientierungen in Einklang? Wie kommen wir aus dem Chaos der sich widerstreitenden Kräfte heraus? Wie harmonisieren wir unsere Energien, damit sie sich gegenseitig stärken und sich nicht mit hohem energetischem Aufwand neutralisieren?

Spitzen wir die Frage noch etwas zu: Wer sollte bei der Harmonisierung dieser Kräfte die Führung übernehmen? Der Verstand oder die Gefühle?

Diese Frage ist durchaus dramatisch! Ein Mann würde zweifelsfrei sagen: »Der Verstand selbstverständlich, denn der erhebt uns aus der Ebene tierischer Gefühle auf die Ebene wahren Menschseins.« Die Antwort einer Frau würde anders ausfallen: »Die Gefühle müssen natürlich die Führung haben, denn sie sind authentisch. Und Mann – wenn du schon mit tierisch und menschlich kommst, dann sind Gefühle eben göttlich!«

Können wir eine Antwort finden, die über die typisch geschlechtsspezifischen Vorlieben – hier Verstand und da Gefühl – hinausgeht? Es wäre eine wahrhaft »menschliche Antwort«, die die weibliche und männliche Sicht auf einer höheren Stufe integriert!

Sowohl der Verstand als auch die Gefühle können uns

täuschen! Der Verstand kann falschen Ideen, einer falschen Weltsicht, Ideologien nacheifern – bis hin zur Geisteskrankheit. Die Gefühle können durch jahrelange Verletzungen und Verdrängung ängstlich und unauthentisch geworden sein – bis hin zu Psychose und Neurose.

Also sind weder der Verstand noch die Gefühle unhinterfragt fähig, die Führung in dem Unternehmen ICH SELBST zu übernehmen. Beide – Verstand und Gefühle – müssen sich infrage stellen lassen, geläutert werden von höheren Prinzipien, die eine wirklich menschliche Integration und Harmonisierung unserer inneren Kräfte und Energien bewirken können.

Die Antwort des Buches nach diesen integrierenden höheren Prinzipien lautet:

Unseren Verstand läutern wir durch die Ausrichtung auf die geistigen Erfolgsgesetze, unsere Gefühle läutern wir durch die Kraft der Intuition. Denn die Intuition ist für die »innere Welt« vom Wesen her wahrhaftig und die geistigen Erfolgsgesetze für die »äußere Welt« wahr.

Die Antwort ist überaus spannend! Sie verspricht nicht nur, unsere »inneren Streitigkeiten« (z. B. zwischen Verstand und Gefühl) aus der Welt zu schaffen, sondern auch die »äußeren Missverständnisse« (z. B. zwischen Frau und Mann) prinzipiell zu lösen. Wir wollen scheinbar unversöhnliche Polaritäten auf einer höheren Ebene wieder miteinander integrieren.

Denn der »Geschlechtskonflikt«, den wir im Äußeren führen, hat eine Entsprechung in inneren Konflikten. Und das gilt für Frau wie Mann. Ist es nicht naheliegend, dass wir durch die Harmonisierung unserer inneren Konflikte zwischen »männlichen« und »weiblichen« Energien auch unsere äußeren Beziehungen zwischen Frau und Mann wieder harmonisch gestalten können?!

## Die geistigen Erfolgsgesetze

Unsere erste Orientierung zur Harmonisierung unserer inneren Kräfte und Energien ist zunächst etwas für den Verstand: die Orientierung an den geistigen Erfolgsgesetzen. Nähern wir uns diesem Thema Schritt für Schritt!

### Was ist ein Gesetz?

Ein Gesetz besagt, wie etwas funktioniert und wie etwas Neues funktionsfähig gestaltet werden kann.

Mit anderen Worten: Physiker z. B. beobachten Phänomene in der Natur und fragen sich, wie das wohl funktioniert. Die Antwort ist ein physikalisches Gesetz, z. B. das Gravitations- oder Fallgesetz. Techniker verwenden dann dieses physikalische Gesetz, um ein funktionsfähiges Gerät zu konstruieren, z. B. die Guillotine, das Fallbeil. (Der Witz im Wortspiel – vom Fallgesetz zum Fallbeil – ist durchaus hintergründig!)

Aber im Ernst: Wir erkennen also zunächst Gesetze der Natur (der Physiker), um sie dann für neue Entwicklungen anzuwenden (der Techniker).

### Was ist ein »geistiges« Gesetz?

Jedes – zumindest formulierte – Gesetz ist von der Definition her geistig! Denn der menschliche Geist hat objektive

Gesetzmäßigkeiten in der Natur erkannt und zu (geistigen) Gesetzen formuliert.

Tiere funktionieren innerhalb von Naturgesetzen, ohne dass ihnen das bewusst wäre oder bewusst sein müsste! Sie sind ja auch nicht in dem Sinne schöpferisch, dass sie etwas völlig Neues erschaffen. Das ist in der Evolution dem Menschen vorbehalten. MENSCH erkennt Gesetzmäßigkeiten, formuliert sie zu Gesetzen und schafft Neues: Über der Natur eine ganze technische und geistige Kultur. (Hurra, jubiliert Mann! Er ist in seinem Element.)

Wenn wir aber noch einen einzigen Schritt weiter denken, dann bekommen wir eine Ahnung von der »Göttlichkeit« geistiger Gesetze (und hier darf Frau mitjubilieren!).

Die Naturwissenschaft hat uns inzwischen an den Rand des für den Verstand erkennbaren Universums geführt: Der »Urknall« vor etwa 13 Milliarden Jahren! Seitdem funktioniert das Universum gesetzmäßig, d. h. seit 13 Milliarden Jahren wird dieses Universum von Gesetzen gesteuert. Doch seit wann gibt es diese Gesetze? Wann wurden sie geschaffen? Wir müssen uns ja vergegenwärtigen, dass dieses Universum sich in einem Bruchteil von Sekunden (deshalb »Urknall«) »wohlgeordnet« manifestiert hat.

Wenn man/Mann (?!) nicht geisteskrank werden will, kann es nur eine Lösung geben: Die Gesetze, die diesen Urknall, die Schöpfung des Universums gesteuert haben, müssen vorher da gewesen sein. Das macht die Naturgesetze »göttlich«! Oder mit anderen Worten: Der Geist der Gesetze war da, noch bevor er sich im Kosmos und in der Natur manifestiert und materialisiert hat. Die Gesetze sind der Geist im Kosmos und in der Natur!

Von »geistigen Gesetzen« zu sprechen ist also in doppeltem Sinne bedeutsam: »Göttlicher GEIST« ist die Substanz der Gesetze, »menschlicher Geist« erkennt die Gesetze und wendet sie für die Entfaltung seiner eigenen Kultur schöpferisch an.

### Und was ist ein geistiges Erfolgsgesetz?

Auch hier wollen wir unsere Antwort zunächst fundamental geben: Die Schöpfung ist ein voller Erfolg (oder gibt es an GOTT irgendetwas auszusetzen?!), also sind die »göttlichen geistigen Gesetze« allesamt Erfolgsgesetze! Der Chef/die Chefin war mit der Umsetzung der »geistigen Gesetze« in ein sich selbst erkennendes Universum ganz schön erfolgreich!

Jedes Gesetz ist dazu da, dass etwas erfolgt, denn ein Gesetz macht immer (explizit oder implizit) eine Aussage über »Ursache und Wirkung«. Gesetze sind sozusagen das Werkzeug der Schöpfung. Also ist im strengen Sinne jedes Gesetz ein Erfolgsgesetz, denn es folgt immer etwas. Dem Gesetz der Gravitation z. B. folgen die Flecken im Fallobst-Apfel, aber auch die Enthauptung durch die Guillotine.

Auf Gesetze erfolgt immer etwas, aber ist die Folge auch als Erfolg zu werten?

»Genau!«, wendet Frau ein und zeigt mit dem Finger auf die Wunde:»Mit göttlichen Gesetzen bin ich ja einverstanden. Albert Einsteins Gesetz über den Zusammenhang zwischen Energie und Masse ($E = m \times c^2$) ist sicherlich göttlich, aber ist die erfolgreiche Folge Atombombe und HIROSHIMA auch göttlich?! Wie kann auf das Anwenden göttlicher Gesetze unmoralisches Verhalten erfolgen?«

Und hier sind wir am Kern männlicher »Geisteskrankheit« angekommen (was zu kurieren gilt): Auf theoretische
Genialität (Einstein) erfolgt oft praktischer Wahnsinn (Hiroshima). Männer sind entweder genial oder brutal.

Wir wollen und müssen den Begriff »Erfolgsgesetz« en-
ger, ethisch und praktikabel fassen. Wir möchten nicht
wertneutral jedes Gesetz als »Erfolgsgesetz« bezeichnen,
(obwohl auf jedes Gesetz etwas erfolgt), sondern nur die-
jenigen, die in unserem täglichen und schöpferischen Handeln dazu beitragen, uns selbst und die Welt auf eine höhere, »post-patriarchalische« Stufe heben.

Gesetze beantworten die erkenntnisorientierte Frage:
»Wie funktioniert das?«, und die anwendungsorientierte
Frage: »Was muss ich tun, damit etwas funktioniert?«

**»Erfolgsgesetze« mögen die Fragen beantworten:**
- Was muss ich tun, damit mein Leben im ethischen Sinne
  ein Erfolg wird und zur Erfüllung führt?
- Was muss ich tun, damit mein Erfolg »den anderen« nicht
  schädigt, sondern auch zum Erfolg des anderen beiträgt?
  (Das Gesetz der Liebe z. B. schädigt niemanden, sondern
  fördert sein Wachstum.)
- Was muss ich tun, damit mein Handeln zur Fortentwicklung
  der Menschheit beiträgt und nicht zu ihrer Vernichtung?

So definiert führt die Anwendung der geistigen Erfolgsgesetze zu einem ethischen Verhalten, das die Würde der anderen Menschen achtet und mit dem eigenen Gewissen im
Einklang steht.

Die Geschichte und die Gegenwart kennen zwar überaus

viele Menschen, die sich für erfolgreich hielten, obwohl sie diese geistigen Erfolgsgesetze ignorierten. Doch die Erfolge waren immer nur von kurzer Dauer und entpuppten sich langfristig als Scheinerfolge. Und Seelenfrieden lässt sich mit »unmoralischen Erfolgen« nie erreichen.

Im Einklang mit den geistigen Erfolgsgesetzen sind wahrhaftige Erfolge möglich, die nicht nur auf den Augenblick abzielen, sondern nachhaltig sind und die ganze Persönlichkeitsentwicklung umfassen. Mehr noch: Sie ermöglichen es für sich selbst und andere, glücklich und zufrieden zu leben. Denn »Erfolge«, die auf Kosten anderer errungen wurden, rächen sich früher oder später.

Mit anderen Worten: Erfolge, die mit einer »negativen, zerstörerischen Energie« (wie Gier, Herrschsucht, Egozentrik, Rücksichtslosigkeit) errungen wurden, bewirken, dass diese Energie eine negative Rückwirkung auf den hat, der sich ihrer bedient.

Solcher Art Erfolge führen zu einem kranken Bewusstsein (besagter Geisteskrankheit im mehr als psychiatrischen Sinne), das von dieser schädigenden Energie beherrscht wird. Das ist die Tragik männlicher Herrschaft in den letzten Hunderten von Jahren: Männer scheinen gesellschaftlich erfolgreich, sterben aber im Durchschnitt Jahre früher als Frauen und haben den Planeten an den Rand des Untergangs gebracht. Wenn das kein Pyrrhussieg ist!

Anders gesagt: Alles was ich auslöse, fällt auf mich als den Verursacher wieder zurück. Es geht daher nicht primär darum, wie ich erfolgreich meine Ziele erreichen kann, koste es, was es wolle, sondern darum, solche Ziele zu verwirklichen, die mit den geistigen Erfolgsgesetzen, dem ei-

genen Lebensziel und dem Wohlergehen der anderen über-
einstimmen. Dauerhaftes Glück ist nur möglich, wenn
vollkommene Harmonie zwischen der materiellen und der
geistigen Ordnung geschaffen wurde.

Durch die bisher einseitige Ausrichtung auf die rein materielle, vom Mann beherrschte Welt, wurde die geistig-spi-
rituelle Dimension vollkommen unterbewertet und verach-
tet. Dadurch verkümmern viele Begabungen, die in jedem
Menschen angelegt sind. Dies gilt ganz besonders für die
Intuition und die intuitive Wahrnehmung – Ort der Spiritualität und eher weibliche Domäne. Oder die Empathie als
Fähigkeit, sich in andere Menschen hinein zu fühlen und zu
spüren, wie es wäre, in seiner Lage zu sein, ihn zu verstehen, seine Wünsche zu erahnen.

Ein anderes Beispiel für die grobe Missachtung von »göttlichen Gesetzen« im vom Mann beherrschten Zeitalter ist
der krankhafte Umgang mit der Zeit selbst. Sogar die Zeit
scheint im männlichen Verstand ein Objekt zu sein, das sich
ausbeuten lässt.

Doch Natur, Mensch, Wirtschaft – alles durchläuft ge
setzmäßige und harmonische Zyklen. In der Natur die Jah-
reszeiten, die Mondzyklen etc. Der Mensch durchlebt verschiedene Entwicklungsstadien, von der Kindheit über das
Erwachsenendasein bis hin zum Greisenalter. In Unternehmen gibt es die Entwicklungs- und Produktionszyklen.

Das ganze Leben ist geprägt von einem ewigen Auf und
Ab, einatmen und ausatmen, wach sein und schlafen, aktiv sein und sich erholen, sich etwas vorstellen und ausführen. Lachen und weinen, geben und nehmen, sprechen und
zuhören, lieben und geliebt werden, alles unterliegt einem

ständigen und harmonischen Wechsel (das besagt das Gesetz des Rhythmus). Frau hat ein natürliches Verhältnis zu zyklischen Rhythmen.

Wer im Einklang mit dem rhythmischen Wechsel sein Leben gestaltet, lebt sozusagen mit Rückenwind, nutzt die vorhandenen Kräfte. Wer diese Zyklen jedoch nicht berücksichtigt, zur falschen Zeit sät oder investiert, wird nur wenig oder nichts ernten und nur geringe oder gar keine Erträge erwirtschaften. Er arbeitet gegen die Kraft der Natur, verschwendet viel Energie und das für magere Ergebnisse.

Alles hat seine bestimmte Zeit, die Zeit der Entwicklung, des Reifens, der Vollendung und der Änderung. Stress ist eine moderne Zivilisationskrankheit, als Folge des männlichen Missachtens von natürlichen Rhythmen, der wahnwitzigen Ausbeutung selbst der ZEIT.

Wenn wir die geistigen Erfolgsgesetze kennen und sie anwenden, helfen sie uns, das Richtige zum richtigen Zeitpunkt in die Wege zu leiten und so den persönlichen und gesellschaftlichen Erfolg zu sichern. Sie ermöglichen es, das Bewusstsein zu sensibilisieren und zu verändern. Damit wird gleichzeitig das Bewusstsein der Gruppe, in der wir leben (Familie, Beruf, Freizeit), und der Menschheit weiterentwickelt.

Die geistigen Erfolgsgesetze läutern unseren Verstand, um unser Denken am Wohl der Gemeinschaft, am Wohl des Ganzen auszurichten.

## Die Kraft der Intuition

Doch die Anwendung der geistigen Erfolgsgesetze als Orientierung für wachsende Harmonie ist erst die halbe Wahrheit. Wir richten unseren Verstand (ob als Frau oder Mann) an ethisch wertvollen Gesetzen aus, handeln so ethisch bewusst.

Wenn wir über Ethik sprechen, denken wir sofort an unser »inneres Gewissen«. Wir haben eine Instanz in uns (nicht das Freudsche Über-Ich mit erhobenem Zeigefinger), die »weiß«, was richtig ist. Es ist eine höhere Instanz, die wir nicht betrügen können, es sei denn, wir wollten uns selbst etwas vormachen und belügen.

Dieses »innere Gewissen« (und weit mehr) ist unsere Intuition. Sie bietet uns ebenso wie die geistigen Erfolgsgesetze eine zweite Orientierung für die Harmonisierung unserer Kräfte und Energien. Und in diesem Bereich fühlt sich Frau kompetenter.

»Intuition« steht für einen Bereich, der lange Zeit aus der männlich dominierten Öffentlichkeit völlig ausgeblendet wurde: Außersinnliche Wahrnehmung, Hellsehen, Telepathie gehören zur Intuition. Aber wir verstehen unter Intuition auch weniger spektakulär: Kreativität und künstlerische Inspiration, Meditation und Kontemplation, ganzheitliches Wahrnehmen und innere Gewissheit darüber, was wahr und richtig ist.

Treffender noch: Intuition gilt von der Definition her als wahr! Was ich intuitiv wahrnehme, ist wahr. Sollte sich diese scheinbar intuitive Wahrnehmung doch nicht als wahr erweisen, dann war es keine Intuition, sondern eine

Selbsttäuschung. (Es ist durchaus eine Kunst, Intuition von Gefühlen zu unterscheiden und Intuition richtig interpretieren zu können!)

Gerade in der heutigen Zeit der zunehmenden Komplexität, der Orientierungslosigkeit, der Suche nach Lebenssinn ist die Wiederentdeckung, das Erwecken und Trainieren der Intuition von weitreichender Bedeutung, für den Einzelnen wie für den Planeten.

Intuition öffnet uns der spirituellen, sozusagen »göttlichen« Ebene: Pflanzen haben bereits Empfindungen und reagieren z. B. auf Licht oder Musik. Tiere haben ein erweitertes Erlebnisspektrum von Gefühlen, kennen Angst und Aggression. Menschen sind in der Lage, zu denken und Selbstbewusstsein zu entwickeln.

Doch das ist erst die »Halbzeit der Evolution«. Über dem Denken erhebt sich die Intuition, die uns unseren göttlichen Kern erfahren lässt und die unsere geschlechtsspezifischen Besonderheiten als Frau und Mann zum wahren Menschsein transformieren kann.

Intuition ist über den Empfindungen, den Gefühlen und dem Denken die spirituelle, göttliche Dimension des Lebens. Intuition integriert und harmonisiert alle drei anderen Erlebnisweisen.

Und hier muss Frau im neuen, partnerschaftlichen Dialog möglicherweise Zugeständnisse machen. Frau verwechselt häufig Gefühl mit Intuition. Nicht jedes vage Gefühl im Bauch ist schon eine Intuition. Es gilt sogar als Regel: Je gefühlsloser wir Intuition empfangen, desto wahrscheinlicher handelt es sich um eine wahre Intuition. Intuition ist viel eher eine innere Gewissheit als ein Gefühl.

Ein Beispiel, um diese Unterscheidung deutlicher herauszustellen: Viele Menschen berichten, dass ihnen eine »innere Stimme« geraten hat, einen Flug umzubuchen. Dann hat sich im Nachhinein herausgestellt, dass dies lebensrettend war, da das zunächst gebuchte Flugzeug abstürzte und sämtliche Menschen zu Tode kamen. Die Intuition (hier in der Form einer »inneren Stimme«) war dabei keineswegs angsteinflößend. Das Umbuchen erfolgt auch nicht aus einem Gefühl der Todesangst heraus, sondern einfach aus einer felsenfesten inneren Gewissheit, dass dies das Beste für einen sei. Warum diese »innere Stimme« einen warnt, weiß man in der Situation gar nicht, und erst im Nachhinein stellt sich erst heraus, weshalb es lebensrettend war, seiner Intuition zu folgen!

Zusammenfassend: Intuition ist weniger ein Gefühl, eher eine innere Gewissheit (wissen, was zu tun ist, ohne es eigentlich wissen zu können).

Intuition führt (und das macht das oben genannte Beispiel ebenso deutlich) in der Regel zu einem spontanen Handlungsimpuls. Intuition ist nicht nur Wahrnehmung, sondern auch auf Handeln ausgerichtet. Intuition »sagt«, was in der Situation zu tun ist, was für einen am besten ist. Intuition ist häufig in dramatischen Situationen wie ein »Schutzengel« oder »guter Ratgeber«. (Dabei ist exzellenter Rat der Intuition gar nicht teuer, sondern kostenlos!)

Und weiter: Intuition muss sich nicht nur auf einen spontanen Handlungsimpuls beschränken, sondern kann eine gewisse Dauerhaftigkeit erreichen, ein für eine gewisse Zeit anhaltender Zustand sein: Eine Malerin, die sich während ihres Gemäldes von ihrer inneren Quelle inspirieren lässt, handelt intuitiv malend. In diesem Zustand hat sie kein Gefühl mehr für die Zeit, entrückt der Zeit, gerät in die Zeitlosigkeit, verschmilzt als Schöpferin mit ihrer Schöpfung: ihrem Gemälde. Einen solchen »Zustand« nennt man Kontemplation.

Das Faszinierende daran ist: Der aufmerksame Betrachter eines solchen Bildes kann ebenso selbstvergessen in einen kontemplativen Zustand versinken. Er analysiert das Werk nicht mehr mit dem Verstand, sondern taucht in es ein, wie in eine Meditation.

Intuition erschließt das kreative Potenzial nicht nur des Künstlers, sondern eines jedes Menschen. Im kreativen Potenzial schlummert das wahre Wesen des Menschen. Indem wir Zugang zu unserer Intuition bekommen, sie erwecken und zu einem wesentlichen Bestandteil unseres Lebens machen, finden wir den Weg zu uns SELBST. Wir brauchen uns nicht mehr mit den unterschiedlichen gesellschaftlichen Rollen identifizieren (und uns entzweien können), die wir spielen oder zu spielen haben, sondern haben das Tor zu unserer Selbstverwirklichung geöffnet.

Intuition ist nicht nur stimmig in der persönlichen, sondern auch stimmig in der gemeinschaftlichen Perspektive. Wer intuitiv handelt, tut nicht nur das Beste für sich selbst, sondern auch für andere, letztlich für das Ganze.

Denn Intuition ist nie egozentrisch, sondern – sagen wir – göttlich. Intuition erhebt uns aus der Egozentrik des Verstandes in die Allwissenheit einer höheren Bestimmung.

Zugegeben: Die Formulierungen des Verstandes geraten hier an ihre Grenzen! Was Intuition letztlich IST, lässt sich nicht beschreiben, sondern nur erleben. (Das gilt für vieles im Leben: Wie will man einem Blinden Farbe beschreiben? Wie will man einem gefühlskalten Menschen Liebe oder gar einen Orgasmus beschreiben? Wie will man einer Frau männliche Eindringlichkeit, einem Mann weibliche Empfänglichkeit beschreiben?) Das beschreibende Wort kann Erlebnisfähigkeit und Erleben nicht ersetzen. Der Verstand kann Intuition nicht wirklich beschreiben – höchstens umschreiben.

Und doch ist Intuition kein mysteriöses Geheimnis, nur »Auserwählten« zugänglich. Jeder Mensch verfügt über Intuition. Mehr noch: Intuition ist jederzeit da. Wir müssen sie auch wahrnehmen und ihr vertrauen!

Um es mit einem in der Einleitung bereits verwendeten Bild zu vergleichen: Ohne Intuition laufen wir wie Blinde durch die Welt. Wir sind aber keine wirklich Blinden, sondern haben nur die Augen geschlossen. Wir können die Augen jederzeit öffnen, wenn wir die Angst vor dem Licht verlieren und das Licht uns nicht mehr blendet!

Intuition ist letztlich eine Frage des Selbstvertrauens. Habe ich den Mut, die Augen der Intuition zu öffnen? JA oder NEIN? Vertraue ich ihr? JA oder NEIN? Deute ich sie richtig? JA oder NEIN?

Vielleicht fange ich erst an zu blinzeln, gewöhne mich an das Licht, vertraue mehr und mehr den neuen lichtvollen Erfahrungen und verstehe ihre Bedeutungsmuster immer besser, lerne ihre Sprache zu verstehen.

## Die Vermählung

Wofür ein Mensch als Mann oder Frau sich auch entscheiden mag: Intuition öffnet den Weg zu sich SELBST, setzt Selbstvertrauen voraus, schafft Selbstbewusstsein und führt zur Selbstverwirklichung.

Und hier schließt sich der Kreis zu den geistigen Erfolgsgesetzen! Denn wir wollen ja nur noch das als »Erfolg« gelten lassen, was nachhaltig zur Selbstverwirklichung führt.

Die geistigen Erfolgsgesetze und die Intuition sind in Wahrheit ein ideales, harmonisches Paar.

Beide führen uns auf eine höhere Ebene, die Ebene der Spiritualität. Beide ermöglichen es, geschlechtsspezifische Einseitigkeiten zu überwinden und auf einem wahrhaft menschlichen Niveau zu integrieren. Beide ermöglichen es, unsere inneren Konflikte zu harmonisieren und energetisch und kraftvoll zu bündeln.

Wiederholen wir dazu die Ausgangsthese: Unseren (männlich-egozentrischen) Verstand läutern wir durch die Ausrichtung auf die geistigen Erfolgsgesetze, unsere (weiblich-diffusen) Gefühle läutern wir durch die Kraft der Intuition. Denn die Intuition ist für die »innere Welt« vom Wesen her wahrhaftig, und die geistigen Erfolgsgesetze für die »äußere Welt« wahr.

Die Fragen waren: Wie lösen wir im Inneren die Konflikte zwischen Gefühl und Verstand, männlichen und weiblichen Energien? Wie lösen wir im Außen die korrespondierenden Konflikte zwischen Frau und Mann, aber auch Eltern und Kindern, den Geschlechts- und den Generationskonflikt?

Unsere Antwort lautet jetzt: durch die Liebes-Vermählung zwischen Intuition und dem Handeln nach den geistigen Erfolgsgesetzen. Orientieren wir unser Handeln immer mehr nach den geistigen Erfolgsgesetzen und lassen wir unser Leben immer stärker durch unsere Intuition leiten.

## Der Sinn des Lebens

Die Frage nach dem Sinn des Lebens ist die Grundfrage des Lebens überhaupt, eine Frage »auf Leben und Tod«. Die Frage nach dem Sinn des Lebens ist fast gleichbedeutend mit der Frage nach dem Sinn des Todes. TOD ist in unserer Gesellschaft tabuisiert und von diesem Tabu ist auch die Frage nach dem Sinn des Lebens betroffen. Je weniger wir uns mit den Tiefen des Todes auseinandersetzen wollen, desto flacher wird das Leben bis hin zur reinen Existenz.

Dieses Vakuum von fast »existenzieller Sinnlosigkeit« (wie sollte man ein Fehlen von Lebenssinn anders beschreiben?) oder »existenziellem Nihilismus« (Sau rauslassen und nach mir die Sintflut) füllt die Lifestyle-Industrie kompensatorisch aus.

Da gibt es das breite und inflationär zunehmende Angebot für Identitäts-Ausdruck. Von der Auto-, der Freizeit-, der Mode-, der Bekleidungs-, der Tourismus- und Informationsindustrie reicht die Palette. Noch nie war das Angebot so groß, so reichhaltig und vielfältig: Lebenssinn? – Kein Thema: Ferrari fahren. Lebenssinn? – Kein Thema: Urlaub in der Karibik. Lebenssinn? – Kein Thema: Schloss mit Park und Blick aufs Meer. Lässt sich alles mit dem nötigen Kleingeld kaufen. Was darf's denn sein?!

Die Schwierigkeit, die eigene Identität zu entdecken, die eigene Lebensaufgabe als VISION »wahrzunehmen« und für sich zu formulieren, hat aber zugenommen. Es gibt immer mehr Verlockungen und Versprechungen, aber der Weg zu sich selbst wird in diesem Umfeld nicht einfacher.

Irrlichter rechts und links auf dem schmalen Pfad zu sich SELBST gibt es zuhauf. Die Gefahr, sich von diesem Pfad zu entfernen und sich selbst zu entfremden, wird immer größer. Die eigenen kreativen und spirituellen Potenziale bleiben verschüttet, unerkannt und ungenutzt. In vielen Bereichen unseres modernen Lebens hat die materialistische Kommerzialisierung auf Kosten der Spiritualität zugenommen.

Für viele Menschen ist das Leben zu einem Kampf geworden: ein Kampf ums Überleben, ein Kampf um Durchsetzung der eigenen Interessen, ein Kampf gegen jeden und alles: sich selbst eingeschlossen. Denn die materialistische Denk- und Lebensweise ist ein ständiger Kampf. Das ist die »Geisteskrankheit« des männlichen Materialismus in Wissenschaft und Wirtschaft.

Auf spiritueller Ebene ist das Leben vielmehr ein Spiel, das die verschiedensten Möglichkeiten bietet, zu lernen, zu wachsen, sich zu entwickeln und immer neuen Herausforderungen auf höheren Ebenen zu begegnen. Wer das Leben als Spiel erlebt, der löst sich von den emotionalen und mentalen Verwicklungen und gewinnt die Sichtweise seiner spirituellen Identität, seines wahren Wesens. Der lebt nicht mehr vorgegebene Kampfrollen in einer Arena, sondern sein selbstbestimmtes Leben als lustvolles Spiel.

Aus der Sicht der spirituellen Ebene ist das Leben ein

Spiel mit vielen Möglichkeiten. Herausforderung ist es, das Bewusstsein weiterzuentwickeln, zu erkennen, dass die geistigen Erfolgsgesetze quasi eine Lernhilfe darstellen, um zu einem umfassenden spirituellen Bewusstsein zu kommen. Tiefe, spirituelle und von Liebe geprägte Weisheit zu erringen ist bedeutsamer, als nur formales, verstandesorientiertes und herzloses Wissen anzusammeln.

## Die Identitätsfindung

Jeder muss den Sinn des Lebens für sich selbst finden. Und doch ist der Weg zu sich SELBST nicht der Weg des einsamen Tigers, der Weg einer Einzelle.

Die Identitätsfindung als Mensch führt nicht nur nach innen an die Seele, sondern auch immer über unseren Nächsten, die Menschen, die uns in Liebe am nächsten stehen. Die Seele ist kein einsames Wesen, sondern ist nur in Gesellschaft anzutreffen. Wir haben das Stadium des Einzellers schon seit mehr als zwei Milliarden Jahren hinter uns gelassen. Das Bewusstsein des Nächsten stellt genauso eine Plattform für dessen Seele dar, wie dies auch für jeden anderen Menschen gilt. Jeder Mensch hat ein konkretes Gegenüber, mit dem er sich liebevoll auseinandersetzen sollte. Das ICH erlebt sich – wenn es keine Nabelschau betreiben will – authentisch nur im DU. Und spannend wird es, wenn zwei ICHs (oder zwei DUs, je nach Perspektive) zum gemeinsamen WIR finden. Das WIR ist wie ein neues Wesen und nimmt oft auch die Gestalt eines neuen Wesens an: Schöpfer und Schöpferin kreieren ein neues Geschöpf.

Wenn das kein Wunder ist!

Es ist für unsere persönliche und globale Weiterentwicklung enorm wichtig zu lernen, sich in den Nächsten hereinzufühlen und Mitgefühl zu entwickeln. Wer sich selbst erkennen will, muss über sich hinauswachsen und die hautengen Ich-Grenzen überwinden, die die seelische Entwicklung behindern.

Sich selbst weiterzuentwickeln, heißt auf mentaler Ebene auch, seine ganze Kraft, seine ganze Konzentration darauf zu richten, herauszufinden, welcher Art Erfolge man wirklich aus ganzem Herzen erzielen will.

Aber die allermeisten Menschen sind in ihrem bisherigen Leben von so vielen verschiedenen Einflüssen aus ihrer Umgebung geprägt, dass sie erst lernen müssen, die Abwehrmechanismen gegenüber der spirituellen Ebene, die seit der Kindheit errichtet wurden, wieder abzustreifen. Sie müssen aus emotionalen und mentalen Selbstbeschränkungen ausbrechen und sich ihrem spirituellen SELBST gegenüber öffnen. Das erfordert eine allseitige Distanzierung gegenüber dem Alltagsgeschehen. Denn jeder von uns ist durch ein emotionales Umfeld geprägt – zum Beispiel am Arbeitsplatz, in seiner Privatsphäre zu Hause und auch bei seinen Freizeitaktivitäten.

Die jeweils vorherrschende emotionale Energie ist bestimmend für die Kraft und das jeweilige Grundmuster des Verhaltens. Der spirituelle Bereich ist verantwortlich für die langfristige Entwicklung des Menschen. Sich für diesen spirituellen Bereich zu öffnen, setzt allerdings eine andere Einstellung voraus, als für die emotionalen und die mentalen Bereiche. Die spirituelle Dimension erfordert mehr Bewusstheit, mehr Achtsamkeit und mehr Respekt vor dem, was einem auf dieser Ebene begegnet.

Der Königsweg für diese neue Lebensdimension ist die Meditation, die uns für die Intuition öffnet.

# Ebenen des Daseins und des Bewusstseins

Wir haben schon mehrfach von einer »höheren Ebene« gesprochen. Es wird Zeit, jetzt alle diese Ebenen des Menschseins zu thematisieren, also auch die niedrigeren Ebenen unseres Daseins ins System einzubeziehen und sie deutlich voneinander zu unterscheiden.

Atmen wir erst einmal tief durch! Dieses Kapitel ist eine Herausforderung für die Klärung unseres Verstandes. Sich der Intuition öffnen zu können, setzt einen klaren und aufgeklärten Verstand voraus. Intuition transformiert Verstand, aber verteufelt ihn nicht. Mehr noch: Intuition braucht den Verstand, um richtig gedeutet zu werden. Haben wir Verstand und Intuition integriert, dann sind sie miteinander ein glückliches Paar.

Im gewissen Sinne (im Sinne des »kleinsten gemeinsamen Nenners«) sind sich hier Religion und Wissenschaft durchaus einig: Was die einen »Schöpfung« nennen, bezeichnen die anderen als »Evolution«: »GOTT wurde die Welt«, sagt die vom Dogmatismus emanzipierte Religion, »der GEIST entfaltet sich in der Evolution«, sagt die vom Materialismus emanzipierte Wissenschaft.

Und diese »göttliche« Entfaltung »des GEISTes« vollzieht sich in Stufen (der großen Kette des Seins), von denen wir ganz grob sieben unterscheiden können: 1. Energie (Licht), 2. Materie, 3. Leben, 4. Gefühl, 5. Bewusstsein (der Ver-

stand), 6. Seele (das Intuitive) und 7. GEIST (das Göttliche,
Anfang und Ende des kosmischen Zyklus).

Ein sehr alter indischer Spruch bringt die ersten Stufen
der Evolution und Schöpfung verblüffend klar zum Ausdruck (Anmerkung in Klammern):

> Gott schläft im Stein (Materie),
> atmet in der Blume (Leben),
> träumt im Tier (Gefühl)
> und erwacht im Menschen (Bewusstsein).

Diese wahrscheinlich universellen Stufen der Entfaltung
des Kosmos haben schon alte Weisheitsreligionen erkannt,
insbesondere der Buddhismus. Aber auch die moderne
Wissenschaft rekonstruiert diese »große Kette des Seins« als
Evolution mit ihren Mitteln und Methoden.

Darüber hinaus: Wir befinden uns gerade in der überaus
spannenden Phase menschlicher Erkenntnis, diese beiden
Seiten des Wissens (geistige Wissenschaft) und der Weisheit
(spirituelle Religion) miteinander zu versöhnen.

Als Menschen sind wir ein Geschöpf der Evolution und
tragen sozusagen alle Entfaltungsstufen in uns. Wir bestehen aus Energie, aus Atomen, aus Molekülen, aus Billionen
von Zellen als Lebensform, sind fähig zu Empfindungen via
unsere Sinne, fähig zu Gefühlen via Psyche und verfügen
über ein typisch menschliches Selbstbewusstsein (gekop-
pelt an die biologische Einzigartigkeit des Neokortex unseres menschlichen Gehirns).

Aber weit mehr noch! Wenn die ganze kosmische Evolution eine Entfaltung des GEISTes ist, dann tragen wir auch

diesen »göttlichen Funken« in uns. Wir »verkörpern« nicht nur die Vergangenheit der Evolution, sondern auch die Zukunft der Schöpfung. Wir sind Geschöpfe wie auch in unserem Wesenskern selbst Schöpfer.

## Vier Ebenen des Menschseins

Abgeleitet von der »großen Kette des Seins« können wir beim Menschen vier qualitativ unterschiedliche Daseinsebenen voneinander unterscheiden: Körper, Gefühl, Geist (als Verstand) und Seele.

Wir lesen in letzter Zeit häufiger von »Körper, Geist und Seele«, selbst die Werbung macht davor keinen Halt mehr. Doch dabei wird Seele häufig verflacht auf Gefühl – als sei die spirituelle Seele nicht mehr als ein tierisches Gefühl, um es etwas zu überspitzen.

Gefühl (die Psyche) und Seele (die Quelle der Inspiration) sollten wir klar unterscheiden. Gefühle können verfälscht und unwahrhaftig sein, die Seele nie. Gefühle kennen Eifersucht, die Seele nur Liebe. Oder um es anders zu unterscheiden: Wann gehen wir zum Psychotherapeuten, wann zum Seelsorger? Diese Unterscheidung schützt uns auch davor – wir sprachen schon darüber – Gefühl und Intuition zu verwechseln. Wenden wir uns den vier Ebenen zu, um ihre Unterscheidung noch deutlicher zu machen.

### Die physische Ebene

Der Körper ist die physische, materielle und biologische Daseinsebene. Das ist die Sphäre der Atmung, der Ernährung, des Stoffwechsels, der Bewegung und biologischen Fortpflanzung. Hier funktioniert alles weitgehend automatisch, instinktiv.

Zum Körper gehören zu den Sinnesorganen (Haut, Zunge, Nase, Ohren, Augen) die sinnlichen Empfindungen (Wahrnehmung): tasten, schmecken, riechen, hören und sehen.

Diese Ebene ist am ehesten mit dem pflanzlichen Dasein zu vergleichen. Natürlich hat unser Körper keine Ähnlichkeit mehr mit einer Pflanze. Doch auch die Pflanze funktioniert bereits mit Stoffwechsel und Fortpflanzung (!). Wir können uns entwurzelt fühlen. Liebe bringt uns zum Erblühen wie das Licht die Pflanze. Wir kennen den gleichen Durst nach Wasser wie die Pflanze auch. Unsere Haut welkt mit dem Alter. – Das ist alles mehr als Bilder.

Der Körper hat seine eigenen Bedürfnisse. Dazu gehören Atmung, Ernährung, Bewegung, Sicherheit zur Selbsterhaltung, Sexualität und (familiäre) Gemeinschaftlichkeit zur Fortpflanzung und Arterhaltung. Arbeit ist auf der physischen Ebene der menschlichen Existenzsicherung (Geld verdienen) ein körperliches Bedürfnis, das Tiere in dieser Form natürlich nicht kennen!

Auch im Sinne von Dysfunktionen hat der Körper seine typischen Krankheiten. Die meisten Krankheiten, die wir als solche wahrnehmen und uns den Weg zum Arzt antreten lassen, sind körperliche Krankheiten. Der Arzt kuriert auf dieser Ebene.

Wir sprechen hier zusammengefasst von der materiellen, existenziellen oder physischen Ebene des Menschen.

**Die emotionale Ebene**

Die Gefühle sind die emotionale Daseinsebene. Das ist die psychische Sphäre von Liebe und Angst, Kummer, Leid, Ärger und Neid.

Gefühle sind Emotionen oder mit anderen Worten intrinsische Motivation (d. h. von innen), Bewegungsenergie, Handlungsenergien: Ich tue etwas, um Unlust (Leiden) zu vermeiden und Lust (Leidenschaft) zu erleben.

Zu dieser Ebene gehören auch Träume mit starken Bildern und heftigen Gefühlen. Träume verbinden uns mit unserem Unterbewusstsein, verarbeiten Konflikte, die wir nicht bewusst lösen konnten oder zeigen uns Visionen.

Diese Ebene ist am ehesten mit dem tierischen Dasein zu vergleichen. Tiere können sich – im Gegensatz zu Pflanzen – bewegen. Sie brauchen eine Motivation, um sich in Bewegung zu setzen. Das sind Emotionen, Gefühle. Bewegung braucht mehr Energie als pflanzliche Ortsgebundenheit. So funktioniert die Energiegewinnung aus dem Stoffwechsel auf dieser Ebene nicht durch »Fotosynthese«, sondern in höherer Form durch sauerstoffverbrauchende Atmung. Atmung ist sehr stark mit Gefühlen verbunden.

Auch diese Ebene kennt charakteristische Bedürfnisse. Es sind vor allen Dingen psychische und soziale Bedürfnisse wie Zuneigung, Liebe, Zugehörigkeit, Akzeptiertsein, Anerkennung, Vertrauen.

Es gibt neben den authentischen Gefühlen auch »falsche Gefühle«. Dazu gehören Besitzanspruch, Eifersucht oder Gier, Rachsucht, Wut und Aggression. Es sind fehlgeleitete psychische Energien, die uns immer in irgendeiner Form als fremd erscheinen. Menschen erkennen sich nach einem

Tobsuchtsanfall nicht wieder. Da ist irgendetwas unkontrolliert Fremdartiges mit ihnen durchgegangen.

Dysfunktionen zeigen sich auf dieser Ebene in psychischen Krankheiten. Echte Gefühle, die verdrängt wurden, äußern sich in krankhafter Form: statt Selbstausdruck z. B. Depression. Mit psychischen Krankheiten gehen wir nicht mehr zum Arzt, sondern zum Psychotherapeuten. Wir sprechen hier zusammengefasst von der psychischen oder emotionalen Ebene des Menschen.

### Die mentale Ebene

Der Verstand ist die mentale Daseinsebene. Das ist die Sphäre des Denkens, Analysierens, Bewusstseins und Selbstbewusstseins, der Logik, des rationalen Erkennens.

Diese Ebene unterscheidet den Menschen von anderen Lebewesen. Hieraus bezieht der Mensch das Selbstbewusstsein, die Krone der Schöpfung zu sein (was vor allem mitfühlende Verantwortung für die Schöpfung bedeutet und nicht das Recht auf hemmungslose Ausbeutung!).

Auch der Verstand hat durchaus Bedürfnisse. Dazu gehören geistige Orientierung des Denksystems, Neugierde, Entdeckungsfreude, Wissensdurst, geistiges Verständnis und Verstehenwollen, Achtung als Persönlichkeit.

Dysfunktionen auf dieser Ebene sind weniger geläufig. Man könnte sie allgemein als »Geisteskrankheit« bezeichnen, auch wenn die Psychiatrie diesen Begriff noch etwas anders versteht. Dogmatismus (einer religiösen Sekte z. B.), Vorurteile, »Unvernunft«, negatives Denken, Lüge, Betrug bis hin zum Extremismus, Fundamentalismus und Fanatismus sind mentale Krankheiten.

Nichts für den Arzt, aber eigentlich auch nichts für den Psychologen! Welche Berufsgruppe heilt uns von negativem, mystischem, irrationalem Denken? Sehen Lehrer als Wissensvermittler darin ihre Aufgabe? Verstehen sie sich als aufklärerische Ritter gegen die Unvernunft, als »mentale Heiler«? Was ist mit Lebensberatern, Seminarleitern, Bewusstseinstrainern? Hier ist sicherlich noch viel zu tun!

Wir sprechen auf dieser Ebene des Verstandes zusammengefasst von der bewussten oder mentalen Ebene des Menschen.

## Die spirituelle Ebene

Die Seele ist die spirituelle Daseinsebene. Das ist die Sphäre von Intuition, Inspiration, Kreativität, Hellsichtigkeit, Erleuchtung, Weisheit, unmittelbarer Gotteserfahrung.

Diese Ebene könnten wir als »göttlich« bezeichnen! Auf dieser Ebene verlassen wir die Egozentrik (ICH bin der Nabel der Welt) und die Anthropozentrik (der MENSCH ist der Nabel der Welt) und übernehmen – sozusagen als Werkzeug Gottes – die Verantwortung für die Schöpfung und die Weiterentwicklung der Evolution. Denn die Evolution findet nicht irgendwo da draußen statt, sondern:

WIR SIND DIE EVOLUTION.

Auch diese Ebene hat ihre eigenständigen spirituellen Bedürfnisse: das Bedürfnis nach Selbstverwirklichung, Lebenssinn, kreativem Selbstausdruck, aber auch anderen Menschen bei ihrer Bewusstseinserweiterung zu helfen.

Diese Ebene transformiert und integriert annähernd jedes Bedürfnis. Das sexuelle Bedürfnis z. B. kann sich in das innige Bedürfnis geschlechtlicher Vereinigung transfor-

mieren, wie es Tantra lehrt und Sexualität zu einer »göttlichen Erfahrung« erhebt (auch ein Aspekt, Männlichkeit und
Weiblichkeit auf dieser Ebene zu integrieren).

Seelische Krankheiten (zur Wiederholung: nicht mit psychischen zu verwechseln), sind eigentlich die Krankheiten
des ganzen materialistischen Zeitalters. Mit dem Beginn des
materialistischen und industriellen Zeitalters (der Moderne)
hat die traditionelle Religion als Hüterin des Seelischen immer mehr den Rückzug antreten müssen und sich in anti-
rationalem Dogmatismus verschanzt. Für die spirituellen
Bedürfnisse des Menschen, die Sehnsucht nach Lebenssinn,
entstand mit der Erstarrung der Religion ein Vakuum.

Wenn tiefe Sehnsucht nicht erfüllt wird, dann machen
sich Süchte breit. Der Suchtcharakter unserer Gesellschaft
ist die Kehrseite der seelischen Leere. Dazu gehören allerdings auch pseudoreligiöse Sekten, die ihre Mitglieder nicht
zur Selbstbestimmung befreien, sondern in immer größere
Abhängigkeit fesseln und knebeln!

Diese spirituelle Ebene ist die eigentliche Ebene der Heilung. Sie ist integrierend, macht ganz und heil, was entzweit, fremd und verdrängt war. Hier gewinnen wir Zugang zu unserer inneren Heilerin und können Heilung als
Selbstheilung geschehen lassen. Hier wird Heilung »hei-
lig« – wie gesagt: Wir sind auf »göttlicher Ebene«!

Wir sprechen hier zusammengefasst von der authentisch-
religiösen, sinnhaften oder spirituellen Ebene.

### Bewusste Lebensführung

Wir werden im weiteren Verlauf des Buches die körperliche
Ebene vernachlässigen und uns vor allem mit den drei hö-

heren Ebenen des Menschseins – der emotionalen, mentalen und spirituellen – befassen. Denn wir interessieren uns hier vor allem für die Prozesse, die wir durch mentales Training und Intuitionstraining direkt beeinflussen können.

Darüber hinaus vollziehen sich tiefgehende und nachhaltige Heilungsprozesse eher »von oben«. Heilung auf spiritueller Ebene (Selbstverwirklichung und die Entdeckung des Lebenssinns) erleichtert die Heilung auf mentaler Ebene (positives und konstruktives Denken) und das wieder erleichtert die Heilung auf emotionaler Ebene (ausgeglichene und ehrliche Gefühle). Heil sind wir, wenn wir ganz sind: Wenn wir alle vier Ebenen des Daseins harmonisch in unserer Persönlichkeit integriert haben.

Unsere besondere Aufmerksamkeit (insbesondere im zweiten Teil des Buches) gilt der Frage, wie die geistigen Erfolgsgesetze als Werkzeug des Bewusstseins auf diesen drei Ebenen speziell wirken: der emotionalen, der mentalen und der spirituellen Ebene.

Inhalt unserer Darlegung ist wiederum kein esoterisches und mythisches Geheimwissen. Es ist geistiges Werkzeug für jeden Menschen, der sein Leben bewusst gestalten will. Und nur eine bewusste Lebensführung ist dem Menschen eigentlich angemessen und wesensgemäß. Dahinvegetieren können Pflanzen und Tiere auch. Hier lebten wir noch unterhalb der Potenziale des Menschseins.

Für jeden Menschen ist es eine Herausforderung, diese drei höheren Ebenen des Daseins zu verstehen und aktiv in sein Leben zu integrieren. Menschen, denen es gelingt, ein Verständnis für diese drei Ebenen zu entwickeln, sind in der Lage, sich aus einer passiven Opferrolle zu befreien und als

Schöpfer das Leben in die eigenen Hände zu nehmen und wirklich über ihr Leben selbst zu bestimmen.

Insbesondere die Öffnung gegenüber der spirituellen Ebene und das Nutzen der intuitiven Kraft sind überaus bedeutsam nicht nur für jeden einzelnen Menschen, sondern auch für die Zukunft der Menschheit.

Die meisten Menschen in der westlichen Welt haben sich – bedingt durch das Bildungssystem – überwiegend damit beschäftigt, wie sie ihren Verstand erweitern und verbessern können. Unsere Kultur (und unsere Schulen!) vergötzt den Verstand über die Grenzen seiner rationalen Leistungsfähigkeit hinaus. Wir erwarten Antworten vom Verstand, bei denen er schlichtweg überfordert ist. (Der Verstand kann Fragen nicht beantworten, für die die Seele zuständig ist.)

Gerade in der »Verherrlichung« des Verstandes tun sich Männer besonders hervor, identifizieren sich so stark mit dieser Ebene, dass sie leicht zu kopfgesteuerten Verstandesmenschen werden. Verstand ohne Herz ist immer unausgeglichen und führt über kurz oder lang zum Extremismus und Fanatismus – häufig genug in unserer Epoche des Verstandes (Moderne, Aufklärung) erlebt.

Doch häufig genug geht im Leben etwas unerwartet und überraschend schief, zeigen Lebenskrisen dem Verstand seine Grenzen auf: beim Verlust der Arbeit oder eines geliebten Menschen, bei Trennung von Lebenspartnern, einer ernsten Krankheit, Unfällen, scheinbaren »Schicksalsschlägen« (so nennt der Verstand Ereignisse, die über seinem Horizont liegen).

In Situationen, in denen der Verstand kapituliert, haben

wir zwei Möglichkeiten: Voll und ganz zu kapitulieren und in Depression und Selbstmitleid zu verfallen – sozusagen auf die emotionale Daseinsebene zurückzufallen. Wir verlieren den Verstand und handeln in panischer Irrationalität.

Die zweite Möglichkeit ist, sich eine Lösung aus einer höheren Warte (der spirituellen Ebene) »einfallen« (!) zu lassen, wenn wir uns für intuitive Einfälle öffnen können. Wir transformieren die Krise zu mehr Bewusstsein.

Krisen sind Wachstumskrisen und am Ende ist jede Krise mit einem Zugewinn an emotionaler Wahrhaftigkeit, bewusstem Krisenmanagement und (im Kern spiritueller) Lebensweisheit überwunden. Der Verstand hat seine Begrenztheit erfahren und gliedert sich in das Team ein. Seine Mitspieler heißen Körper, Gefühl und Intuition.

## Drei Ebenen des Bewusstseins

Wir können die objektiv beschriebenen Ebenen des Menschseins (die Außensicht) auch eher subjektiv als drei Bewusstseinsebenen (die Innensicht) deuten: als Unterbewusstsein (Körper und Gefühl), Bewusstsein (Verstand) und Überbewusstsein (Seele).

### Das Unterbewusstsein

Das Unbewusste ist zunächst der riesige Bereich automatischer Lebensfunktionen. Alles, was sich während des Schlafens in unserem Körper abspielt, ist unbewusst.

Alle biochemischen Prozesse in unseren 80 Billionen Körperzellen (über 1300-mal mehr als es Menschen gibt) übertreffen wohl bei Weitem die industriellen Prozesse aller Firmen der Welt. Und das funktioniert alles ohne unser Bewusstsein. Allen Respekt! (Da muss ein anderer GEIST am Wirken sein …)

In diesen Bereich gehören Reflexe, Kurzschluss-Handlungsabläufe, die ein bewusstes Eingreifen nicht erforderlich machen (Augenlider schließen sich z.B. reflexartig, wenn etwas angeflogen kommt).

Weiter gehören in diesen Bereich instinkthafte Handlungen aus der Urzeit (»Reptiliengehirn«). Bei plötzlichem Stress (Autoreifen quietschen auf der Straße beängstigend nahe) wird eine ganze Kette an Reaktionen ausgelöst (Atemstillstand, erhöhter Blutdruck, Schweiß auf der Stirn, bleiches Gesicht, hoher Muskeltonus, um schnell wegspringen zu können usw.). Der Körper reagiert noch so, als ob er ein feindliches Raubtier wahrgenommen hätte: panikartige Fluchtbereitschaft, um nicht als Beute gefasst zu werden.

Andere gelernte Verhaltensweisen, die automatisiert wurden, gehen ins Unterbewusstsein: der aufrechte Gang, das Fahrrad- und Autofahren, Zehn-Finger-Tippen, routinierte Handlungsabläufe im Haushalt, in der Arbeit und Freizeit.

Gefühle sind unbewusst im Sinne von prä-rational. Eine plötzlich auftauchende Angst ist nicht an sich bewusst, sondern müssen wir uns in ihrer Bedeutung erst bewusst machen. Das erlaubt uns, bewusst mit Gefühlen umzugehen und nicht nur instinktiv zu handeln.

Ein Großteil der uns umgebenden Kultur prägt sich ins Unterbewusstsein ein. Die Sprache, die wir lernen, hat spezielle Bedeutungen, die wir häufig gar nicht reflektieren. Mit der Sprache übernehmen wir unbewusste Denkschemata. Was für eine Einstellung entwickelt sich z. B. bei einem Kind, das beim Anblick eines schwarzhäutigen Menschen stets hört:»Nigger!«?

Überhaupt die Erziehung! Sie hinterlässt im Unterbewusstsein deutliche Spuren der Scham, der Minderwertigkeit, innerer deprimierender Glaubenssätze, die sich der bewussten Kontrolle entzogen haben. Viele Psychotherapien beschäftigen sich nur damit, traumatische Kindheitserfahrungen aufzuarbeiten und in eine erwachsene Psyche zu integrieren.

Ein weiterer großer Bereich ist das aus dem Bewusstsein ins Unterbewusstsein Verdrängte, der Schatten unserer Persönlichkeit, die verbotenen Räume. Hier rumoren in unserer Psyche Aussätzige, die uns ständig in Unruhe versetzen. Hier hausen die Deserteure und Saboteure, die scheinbar nichts Besseres zu tun haben, als uns Steine in den Weg zu legen, uns auszubremsen und wie einen Feind zu attackieren. Hier taucht vieles als »falsche Gefühle« auf: Hass, Verzweiflung, Zerstörungswut.

Das Unterbewusstsein ist zusammenfassend unser inneres Programm, das Betriebssystem, die Software: vieles funktioniert biologisch reibungslos, ist kulturell sinnvoll, bringt sich im Sinne unserer Interessen ein. Andere Programmteile verhalten sich bösartig wie Computerviren oder eingeschmuggelte »trojanische Pferde«, um uns von innen heraus zu steuern versuchen.

### Das Bewusstsein

Das Bewusstsein ist (eigentlich) der Steuermann, die Steuerfrau des Unternehmens.

Doch oft ist die Frage angebracht: Bändigt der Reiter (Bewusstsein) das Pferd (Unterbewusstsein) oder galoppiert das Pferd, wohin es will? – »Typisch Pubertät!« könnte man sagen. Wie sich Ross und Reiter verstehen, ist abhängig von der Fähigkeit des Reiters und der Zugerittenheit des Pferdes. Ein guter Reiter weiß sein Pferd zuzureiten, und beide bilden eine harmonische Einheit.

Das Bewusstsein keimt schon in frühen Kinderjahren mit dem ersten deutlichen »NEIN!« und »ICH WILL!« auf.

Später ist sein Job: Gefühle rationalisieren, Handlungen rechtfertigen, Zweifel und Kritik an anderen (oder sich selbst) anbringen, Menschen und Ereignisse bewerten, Urteile fällen, Probleme lösen, Entscheidungen treffen, Ziele setzen, Zukunft planen, Macht über andere erringen (im Normalfall).

Hier auf dieser Ebene des Bewusstseins ist vor allem das EGO zu Hause. Es ist auf sich selbst zentriert (egozentrisch), rechthaberisch und durchsetzungswillig. Auf dieser Ebene haben Frau und Mann kaum eine Chance, sich zu verstehen, ist eher Ringkampf an der Tagesordnung als Kooperation.

Das EGO kann stark oder schwach sein. Es kann der selbstbestimmende Programmierer des Systems sein oder von inneren (unterbewussten) oder äußeren Kräften (Programmen, Rollen) bestimmt werden – häufig geht das eine mit dem anderen Hand in Hand.

Wird ein schwaches EGO fremdbestimmt, steht es unter ständigem Rechtfertigungsdruck. Es weiß auch den peinlichsten Wutausbruch noch zu rationalisieren. Es weiß auch den würdelosen Kniefall vor anderen noch zu glorifizieren.

Hier übernimmt das Bewusstsein eher Handlangerdienste als Steuerungsaufgaben.

Ein starkes EGO weiß sein Leben selbst zu bestimmen und bewusst zu führen. Gegen ein starkes EGO ist in dieser Welt nichts einzuwenden, wenn es auf seinem Platz bleibt und nicht die Alleinherrschaft gegenüber Unterbewusstsein und Überbewusstsein imperialistisch an sich reißt.

## Das Überbewusstsein

Während (im besten und gesunden Falle) das Ego-Bewusstsein der Steuermann (die Steuerfrau) des Unternehmens ist, dann ist der Kapitän (die Kapitänin) jedoch das Überbewusstsein. Es ist die »innere Führung«.

Das Überbewusstsein ist der Akteur der spirituellen Ebene und ist transpersonal, d. h. nicht mehr an eine Person gebunden, kann Ausdruck von Gruppenbewusstsein sein. Es hat dadurch auch ein ganz anderes Wahrnehmungsspektrum, erfasst Gesamtzusammenhänge, hat Zugang zur Allwissenheit und zum universellen Informationsfeld. Es ist die Energiequalität in uns, die Raum- und Zeit übergreifend fähig ist, intuitiv wahrzunehmen. Auch wahrscheinliche Zukunft lässt sich durch das Überbewusstsein intuitiv erfassen und visionär vorhersehen.

Auf der energetischen Ebene werden Gedanken von einem Menschen zu einem anderen übertragen, sogar über Kontinente hinweg. Es fehlt zwar weder an wissenschaftlich fundierten noch an praktischen Ergebnissen dieser Gegebenheiten, doch fällt dies nicht in den Gültigkeitsbereich der logisch-rationellen Wissenschaft, sondern der spirituellen Wissenschaft.

Für viele Menschen ist es von Bedeutung, wieder zu lernen, sich diesen Energien, die für den persönlichen Erfolg jedes einzelnen Menschen so wichtig sind, zu öffnen. Wir suchen Führung in spirituellen Lehrern. Dabei haben wir die höhere Führung des Überbewusstseins in uns.

Es heißt: Der Mensch denkt und Gott lenkt. Wie sollte das Göttliche uns lenken, wenn nicht durch die Intuition, die innere Stimme und Führung? Wer sein Leben bewusst führen will, muss sich auch intuitiv führen lassen können!

Das Überbewusste weiß um unsere Talente und Begabungen, unser kreatives Potenzial, unsere Lebensaufgabe und Visionen, weiß, welche Betätigungsfelder für einen Menschen besonders geeignet sind, um auf ihnen außergewöhnliche und einzigartige Erfolge zu erzielen. Wir leisten das Beste für die Menschheit, wenn wir das Beste aus uns machen. Es ist sozusagen unsere evolutionäre Pflicht. Unser Job ist, mit unseren gegebenen Begabungen die Schöpfung weiterzuführen. Jeder an seinem Platz. Es ist jederzeit da, uns zu führen, wenn wir für Führung offen sind und darum bitten.

Das Überbewusste koordiniert alle unsere »individuellen« (was ja eigentlich heißt: un-teilbaren) Schöpfungen zur synergetischen Schöpfung der ganzen Menschheit. Das Überbewusste verbindet uns alle. Auf dieser Ebene wissen wir: WIR SIND EINS!

## Energie und energetische Wahrnehmung

Alles, was uns umgibt, ist Energie, manchmal im reinen und subtilen Zustand, manchmal im festen und groben Zustand. Energie ist das Potenzial für alles, die Manifestation von allem, die Urkraft, die alles in Bewegung setzt und in Bewegung hält. Energie ist aber nicht nur ein diffuses Meer an elementarer Spannung, sondern kondensiert zu in sich geschachtelten Komplexitäten. Ein ATOM ist schon ein Wunder an energetischen Schwingungen und Manifestation von Teilchen. Was für ein komplexes Schwingungsmeer ist da erst ein MENSCH!

Wir können alle grob identifizierten sieben Stufen der großen Kette des Seins (1. Energie und Licht, 2. Materie, 3. Leben, 4. Gefühl, 5. Verstand, 6. Seele und 7. GEIST) als unterschiedlich kondensierte Manifestationen der Energie verstehen.

Das Wort »Energie« kommt aus dem Griechischen und heißt so viel wie »wirkende Kraft«, »Spannkraft«, »Tatkraft«. Im chinesischen Kulturkreis bezeichnet man mit »Chi« die Energie, die man im Körper bewegt, konzentriert und auf ein Ziel richten kann. Thai Chi, Kung Fu und Qi-Gong sind körperorientierte Disziplinen, die darauf ausgerichtet sind, diese Lebensenergie zu kontrollieren und gezielt einzusetzen.

Jeder spürt diese Energie, manchmal mehr, manchmal weniger. Es ist die Energie, die uns sehnsüchtig vorantreibt, die unser körperliches Wohlgefühl zum Schwingen bringt. Ein Mensch mit Tatkraft ist ein Energiebündel im positiven Sinne des Wortes. Er hat die Energie, alle seine Vorstellungen zu manifestieren. Es ist seine Energie, die sich auch auf seine Partner und Mitarbeiter überträgt, um gemeinschaftliche Manifestation in die Welt zu setzen.

In der Relativitätstheorie und der Quantenphysik dreht sich alles um Energie. Hier ist die moderne Physik an den Grenzen des logisch-rationalen Verstandes angekommen, jenseits dessen die großen Physiker wie Albert Einstein, Max Planck, Werner Heisenberg, Niels Bohr im Fluss und der Manifestation der Energie das Wirken des GEISTes erahnt haben.

Schon die klassische Physik erkannte, dass physikalische Energie nur umgewandelt in andere Energieformen (z. B. potenzielle in kinetische), nie aber vernichtet oder aus dem Nichts geschaffen werden kann. Die Natur ist ein Kraftwerk dieser physischen Energie.

Dies gilt auch für psychische Energie.

Wir sprechen von der »Kraftquelle Unterbewusstsein«, vom Energiepotenzial der Gefühle. Emotionen können so blockiert sein, dass es zu körperlichen Fehlhaltungen kommt. Befreite Gefühle können sich in Weinkrämpfen auflösen.

Und Energie auf mentaler Ebene? Sprechen wir nicht auch von »Gedankenkraft«? Kann nicht auch eine IDEE die Kraft wie ein Urknall haben?! Liegt nicht auch dem unvergleichlichen Erfolg von Bill Gates eine einzige Idee zugrunde: den Computer zu einem Werkzeug für jeden mit »micro-softigen« Programmen zu machen!?

Energie auf der spirituellen Ebene ist Heilenergie. Wir brauchen uns nur in der Nähe eines erleuchteten Menschen aufzuhalten, um diese Heilenergie zu spüren und vol-

ler Ehrfurcht in uns aufzunehmen. Wir erblühen in dieser
Energie wie Blumen in der Sonne. Es ist das Leben im Licht.

## Das Spektrum der Wahrnehmung

Um diese unterschiedlichen Energiefelder wahrnehmen zu
können, brauchen wir unterschiedliche Wahrnehmungsins-
trumente, die mit diesen Energien differenziert mitschwin-
gen können.

Unsere Wahrnehmung der Welt ist abhängig von unseren
Wahrnehmungsorganen. Hunde hören und riechen anders
als wir, Fledermäuse haben ein eigenes Radarsystem, Fal-
ken sehen viel schärfer. Unsere Wahrnehmung konstituiert
in gewissem Sinne die Welt, in der wir leben.

Füße können kein Licht (ein bestimmter Frequenzbereich) erkennen, sondern nur die Augen. Aber ein Geräusch
(ein anderer Frequenzbereich) können wiederum die Augen
nicht erfassen, sondern nur die Ohren. Haut ist ein Wahrnehmungsorgan für Temperatur und Druck. Unsere Zunge
hat ihren biologischen Zweck nicht nur im Schlucken und
verschärften Küssen, sondern um als »Vorkoster« z. B. den
Geschmack des Essens wahrzunehmen.

Kurz: Unsere Sinnesorgane sind Wahrnehmungsorgane
physischer Energie!

Wie aber nehmen wir andere Energieformen wie Gefühle wahr, emotionale Energie? Wir wollen es uns nicht
so einfach machen. Keine Person, die uns tief in die Augen
schaut, etwas ins Ohr flüstert und zärtlich am Ohrläppchen
knabbert.

Drei Worte am Telefon: »Ich mag dich!« – Hier die Wahrnehmung: »Hurra, das ist eine Liebeserklärung!«, dort die

Wahrnehmung: »Das ist ein Trick, der will was von mir!«
Was ist das Wahrnehmungsorgan, das den eigentlichen Sinn
dieser drei Worte so unterschiedlich interpretieren kann?

Die eigenen Gefühle klingen auf die drei Worte am Telefon in Resonanz mit oder sie bleiben kalt. Die Gefühle sind
also auch ein energetisches Wahrnehmungsorgan. Der Verstand würde sagen: identische Worte, identische Bedeutung. Er ist nicht empfänglich für die Gefühle zwischen den
akustischen Schwingungen, zwischen den Zeilen. Unsere
Gefühle sind als Mitgefühl (Empathie) auch ein emotionales Wahrnehmungsorgan, ein »Sinnesorgan«, das in energetischer Resonanzschwingung emotionalen Sinn deuten
kann. Das Wahrnehmungsorgan im biologischen Sinne ist
das Herz, das weit mehr ist als eine Pumpe für die Blutzir-
kulation. Wer herzlos ist (viele Manager) bekommt früher
oder später Probleme mit dem Herzen ( Herzinfarkt).

Hamlet! Was für ein Wahrnehmungsorgan nimmt die Bedeutung dieses Werkes wahr, die mentale Energie sozusagen? Die Augen sehen nur ein Buch, Seiten, Buchstaben,
Wörter, Sätze. Wie nehmen wir den Sinn, die Sinnhaftigkeit,
die Botschaft eines literarischen Textes wahr? »Durch den
Verstand!«, könnte die jetzt naheliegende Antwort lauten. –
Nicht schlecht! Mit anderen Worten: Auch der Verstand ist
ein Wahrnehmungsorgan, ein »Sinnesorgan«, indem er geistigen Sinn erkennt und deutet! Biologisch ist dieses Organ
sicher das Gehirn. Es ist nicht nur Steuerzentrale des Ner-
vensystems, sondern auch Wahrnehmungsinstrument für
mentale Botschaften.

Halten wir einen Moment inne. Unsere Erkenntnisse sind
schon jetzt durchaus umwerfend (um nicht zu sagen: »revo-

lutionär«)! Gefühl und Verstand (Herz und Gehirn) als
Wahrnehmungsorgane für emotionale Energie und mentale Energie zu verstehen, sie als Sinnesorgane anzuerken-
nen, ist unter energetischer Sichtweise naheliegend und ein-
leuchtend.

Nicht so jedoch für die (traditionelle) Wissenschaft! Sie
erkennt nur Daten an, die unsere fünf niederen Sinne liefert
plus Geräte, die ihr Spektrum erweitern (wie Fernrohr oder
Mikroskop). Gefühle (emotionale Energieform) und Bewertung (mentale Energieform) haben bekanntlich in der traditionellen Wissenschaft nichts zu suchen. Wissenschaft sei
emotionslos und wertfrei.

Kann sie ja auch. Nichts dagegen. Nur muss sie dann
auch ihre Grenzen deutlich erkennen. »Empirische Wissenschaft« macht Aussagen über physische Energieformen,
nicht aber über emotionale, mentale oder gar spirituelle
Energieformen.

Ja, werte »empirische Wissenschaft«, es gibt weit mehr
unter dem Himmel, als dein begrenzter Horizont erfassen
kann. Du bist Flachland-Wissenschaft und hast bereits er-
hebliche Probleme, »Leben« zu definieren, denn da geht es
mit Empfindungen und Gefühlen schon los! Du kannst helfen, den Menschen auf dem Mond spazieren zu lassen, aber
hast keinen blassen Schimmer von Liebe, Ethik und Schönheit.

Und Energien auf spiritueller Ebene? Womit nehmen wir
diese subtilen Energien wahr? Die Heilenergie eines spirituellen Meisters, die Telepathie eines anderen Menschen, die
innere Führung, eine Inspiration? Auch hierfür haben wir
ein Wahrnehmungsorgan. Es wird in traditioneller Weise

Kontemplation genannt. Nennen wir das Wahrnehmungsorgan vorläufig das »dritte Auge«. Möglicherweise ist es
auch die materiefreie Aura um uns, die diese subtilen Energien wahrnehmen kann.

Alles dies in Zukunft genauer zu erfassen und zu beschreiben, ist Aufgabe der erst im Entstehen begriffenen
spirituellen Wissenschaft.

## Bewusstseinskompetenz als Lebenskompetenz

Sie können sich wieder abschnallen! Unsere Reise über den Wolken im letzten Kapitel ist beendet, wir haben jetzt wieder Boden unter den Füßen. Auch wenn dieses Kapitel kein bequemer Spaziergang im Flachland ist, sondern eher eine aufregende Gebirgstour, so behalten wir jetzt jedoch stets Boden unter den Füßen!

Wenn wir über Kompetenz sprechen, dann geht es nicht um theoretisches Philosophieren, sondern praktische Fähigkeiten und praktisches Handeln.

Bewusstseinskompetenz ist die erwachte Fähigkeit, seine Gedankenkraft aktiv für die Gestaltung seines Lebens zu verwenden. Führen oder geführt werden, handeln oder gehandelt werden, leben oder ausgenutzt werden, selbst bestimmen oder fremdbestimmt werden – das sind die herausfordernden Alternativen für Bewusstseinskompetenz.

Bewusstseinskompetenz erlaubt es uns, das Leben selbst zu führen, aktiv zu handeln (und nicht ständig nur auf äußere Anforderungen zu reagieren), uns selbst zu bestimmen, bewusst und leidenschaftlich zu leben.

Wenn wir uns vergegenwärtigen, dass wir damit erst auf dem wirklich menschlichen Niveau leben (und nicht anspruchslos auf dem Niveau des Dahinvegetierens und bloßen Existierens), dann ist Bewusstseinskompetenz echte Lebenskompetenz, dann gehört es zum wirklich auf menschlichem Niveau gelebten Leben!

## Verstand und Bewusstsein

Für Flachland-Spaziergänge und Flachland-Denken sind Verstand und Bewusstsein »irgendwie dasselbe«. Man(n) hat einen klaren Verstand – man hat ein klares Bewusstsein. Was sollte der Unterschied sein?

Für Flachland-Spaziergänge sind auch Gefühl und Intuition dasselbe, Psyche und Seele dasselbe. Mit der subtileren Differenzierung solcher zentralen Lebensdimensionen beginnt die Bergtour, das Leben in höheren Sphären. Aber wir werden in diesem Kapitel auch Übungen durchführen, die das hier Diskutierte nicht nur für das Denken nachvollziehbar, sondern erlebbar werden lassen.

Unsere Aufgabenstellung lautet also, Bewusstsein und Verstand voneinander zu unterscheiden, um zu klären, was Bewusstseinskompetenz ist.

Viele Menschen sind »gut bei Verstand«. Aber sind sie deswegen schon »bei Bewusstsein«?

Unser Alltagsdenken gibt uns einen ersten Hinweis. Wir sprechen von kopfgesteuerten »Verstandesmenschen« und meinen dies durchaus nicht in positivem Sinne. Sie zeichnen sich dadurch aus, dass sie einseitig den Verstand überbetonen: sich heftig gegen Gefühle wehren und das Religiöse oder »Überbewusstsein« als irrational völlig missverstehen und ablehnen. Verstandesmenschen lassen nur den Verstand gelten, alles andere sei »irrational«.

Diese eingeengte Perspektive, diese Eindimensionalität, macht sich auch in starren und ernsten Verhaltensweisen deutlich. Verstandesmenschen fehlt die Leidenschaftlichkeit wie auch die Leichtigkeit des Seins, das Lächeln.

Ein eingeengter, begrenzter, eindimensionaler Verstand hat immer seinen EGO-zentrischen und rechthaberischen Standpunkt. Er spielt sich auf, das Unternehmen ICH SELBST mit Alleinvertretungsanspruch zu beherrschen, obwohl er damit völlig überfordert ist und das dem Unternehmen ganz und gar nicht guttut.

Wir können die Eingeengtheit des Verstandes relativ leicht mit seinen eigenen Mitteln knacken: Verstand ist Ratio und rational. Klar! Doch in seinem Wahn, in seinem Wahnsinn diffamiert er alles andere als »irrational«. Und das ist seine Überheblichkeit und Arroganz.

Verstand muss vom überhöhten Sockel herunter und erkennen, dass es etwas unter ihm gibt, das Unterbewusstsein, aber auch etwas über ihm, das Überbewusstsein. Wenn er in der Lage ist, dies zu differenzieren, dann erkennt er im Unterbewusstsein das Prä-rationale (seine eigenen Kraftquelle!) Und im Überbewusstsein das Trans-rationale (sein inneres Leitsystem!). Dann diffamiert er beides nicht mehr als »irrational«, sondern gliedert sich in dieses Team kooperativ ein.

Verstand, der sich gegenüber dem Unterbewusstsein (den Gefühlen) öffnet, gewinnt an Leidenschaft. Verstand, der sich gegenüber dem Überbewusstsein (der Intuition) öffnet, gewinnt an Leichtigkeit.

Zu dieser Differenzierung ist das Bewusstsein fähig (das Selbst-Bewusstsein). Es hat Überbewusstsein erfahren und Unterbewusstsein integriert.

Bewusstsein läutert den Verstand. Es holt den Verstand von seinem hohen Sockel herunter und weist ihm seinen Platz im Unternehmen ICH SELBST ein. Bewusstsein befreit den Verstand aus seinem EGO-Zentrismus und seiner Rechthaberei. Wo EGO war, wird ICH SELBST.

Es geht aber um weit mehr als eine nur intellektuelle Differenzierung. Das ist nur das mentale Vorspiel. Es geht um LEBEN! Es geht um eine leidenschaftliche Veränderung unseres Lebens.

Ein sich gegen Unter- und Überbewusstsein einkapselnder Verstand hat etwas Krankhaftes an sich. Seine Rigidität gegenüber den Gefühlen und seine Ignoranz gegenüber dem Höheren rächen sich! Sie machen das Innere zu einem Kriegsschauplatz widerstreitender Kräfte.

Ein isoliertes, abgekapseltes, rechthaberisches EGO hat gar keine andere Chance als mehr oder weniger inauthentisch (gegenüber dem Unterbewusstsein), lügenhaft (gegenüber sich selbst und anderen) und selbstbetrügerisch (gegenüber dem Überbewusstsein) zu leben (wir kommen in diesem Kapitel noch darauf zurück).

Ein vom Bewusstsein geläuterter Verstand IST wahrhaftig und authentisch (in Kooperation mit dem Unterbewusstsein), ist ehrlich sich selbst gegenüber, einfühlsam und gerecht anderen gegenüber, demütig und liebevoll (in Anerkennung des Überbewusstseins). Das ist Bewusstseinskompetenz, die das Leben dramatisch ändern kann.

## Übung, um zu Bewusstsein zu kommen

Erleben wir das Diskutierte jetzt praktisch, damit wir über gleiche Erfahrungen sprechen können!

Wir überschreiten in dieser Übung die Grenzen des logischen Verstandes zunächst mit seinen eigenen Mitteln: den Mitteln des Denkens. Ausgangspunkt der mentalen

Übung ist das EGO-Flachland, Ziel ist der Berggipfel: ICH SELBST.

Das flache EGO identifiziert sich mit dem, was es HAT: Ich habe einen fürsorglichen Lebenspartner. Ich habe eine exzellente Ausbildung. Ich habe wundervolle Kinder. Ich habe ein traumhaftes Haus im Grünen. Ich habe ein atemberaubendes Bankkonto. Kurz: »Ich habe, also bin ich.«

Was haben Sie, womit Sie sich identifizieren? Bitte machen Sie sich in Gedanken oder auf Papier dazu jetzt eine kleine Liste! Erkennen Sie: Sie sind nicht das, was Sie haben. HABEN ist der Besitz, und dann gibt es immer auch einen BESITZER. Wer ist der Besitzer des Besitzes? Wer ist der wahre Kern des ICH habe …? Wer ist ICH SELBST?

Lassen Sie in dieser Übung alles los, was Sie HABEN, aber nicht SIND, um den nackten Kern, Ihr »wahres Wesen«, zu entblättern. Es ist wie die Blätter einer Artischocke herauszuzupfen, um an das Herz heran zu kommen.

Bitte vollziehen Sie jeden Satz, bis Sie sein Wesen erfahren haben und lesen Sie dann erst weiter. Lassen Sie sich auch nicht davon irritieren, dass die Übung am Anfang etwas lustig zu sein scheint. Variieren Sie die Übung am besten auch nach Ihrer eigenen Haben-Liste.

- Ich habe ein Haus, aber bin nicht mein Haus und lasse die Identifikation mit meinem Haus los. (Bitte vollziehen …) [Hier können Sie auch andere, schwergewichtige und materielle Besitztümer einsetzen.]
- Ich habe ein Auto, aber bin nicht mein Auto und lasse die Identifikation mit meinem Auto los. (Bitte vollziehen …) [Gültig für andere Konsumgüter.]

- Ich habe Eltern, aber ich bin nicht meine Eltern und lasse die Identifikation mit meinen Eltern los. (Bitte vollziehen ...)
- Ich habe einen Lebenspartner, aber bin nicht mein Lebenspartner und lasse die Identifikation mit meinem Lebenspartner los. (Bitte vollziehen ...)
- Ich habe Kinder und eine Familie, aber bin nicht meine Kinder und lasse die Identifikation mit meinen Kindern und meiner Familie los. (Bitte vollziehen ...)
- Ich habe eine Ausbildung und einen Beruf, aber ich bin nicht meine Ausbildung oder mein Beruf und lasse meine Identifikation mit meiner Ausbildung und meinem Beruf los. (Bitte vollziehen ...)
- Ich habe eine Nationalität, aber ich bin nicht die Nationalität und lasse die Identifikation mit meiner Nationalität los. (Bitte vollziehen ...)
- Ich habe eine Persönlichkeit. Aber ich bin nicht meine Persönlichkeit und lasse die Identifikation mit meiner Persönlichkeit los. (Bitte vollziehen ...)
- Ich habe ein Geschlecht, aber ich bin nicht mein Geschlecht und lasse die Identifikation mit meinem Geschlecht los. (Bitte vollziehen ...)
- Ich habe ein Alter, aber ich bin nicht mein Alter und lasse die Identifikation mit meinem Alter los. (Bitte vollziehen ...)
- Ich haben einen Körper, aber ich bin nicht mein Körper und lasse die Identifikation mit meinem Körper los. (Bitte vollziehen ...)
- Ich habe Gefühle, aber ich bin nicht meine Gefühle und lasse die Identifikation mit meinen Gefühlen los. (Bitte vollziehen ...)

- Ich habe ein EGO, aber ich bin nicht mein EGO und lasse die Identifikation mit meinem Ego los. (Bitte vollziehen…)
- Ich habe einen (religiösen) Glauben, aber ich bin nicht mein Glaube und lasse die Identifikation mit meinem Glauben los. (Bitte vollziehen…)
- Ich habe Vergangenheit und Erfahrungen, aber ich bin nicht meine Vergangenheit und meine Erfahrungen und lasse die Identifikation mit meiner Vergangenheit und meinen Erfahrungen los. (Bitte vollziehen…)

So können Sie sich völlig entblättern. Sobald Sie sich mit nichts mehr identifizieren, jeden Ballast von Identifikation losgelassen haben, erfahren Sie in aller Leichtigkeit, was es bedeutet: ICH BIN. Das ist der Gipfel. Das ist eine Gipfelerfahrung, indem der Verstand sich von falschen Identifikationen löst und sich zum Bewusstsein läutert.

Wenn Sie Probleme mit der Übung haben, wissen Sie wenigstens, wo Sie »hängengeblieben« sind, an was Sie noch hängen. Das ist Ihre Abhängigkeit!

Ist es bei der »Persönlichkeit«? Sie sagen vielleicht: Ich habe keine Persönlichkeit, sondern BIN eine Persönlichkeit. – Das ist ein Ausdruck dafür, dass Sie sich mit Ihrer Persönlichkeit identifizieren und sie noch nicht loslassen können.

Wenn Sie in der Übung etwas loslassen, heißt das nicht, dass Sie NICHTS sind. Auch wenn Sie Persönlichkeit loslassen, bleibt etwas, Ihr Geschlecht zum Beispiel…

Es ist bei dieser Übung wichtig, jeden einzelnen Satz in Ruhe nachzuvollziehen und immer zu spüren: Wenn ich das eine loslasse, gibt es immer noch etwas in mir, was noch da ist und existiert, mein Wesen ICH BIN.

Diese Übung verhilft Ihnen zur Erfahrung, wer Sie wirklich sind. Das Motto der Übung lautet: WERDE, WAS DU BIST!

Der logische Verstand schlägt die Hände über dem Kopf zusammen. Wie kann man werden, was man schon ist? Das ist doch nicht logisch! Recht so, sagt das Bewusstsein. Das ist paradox, doch so ist die Wirklichkeit! Sie ist nicht logisch, sondern paradox!

Die moderne Physik erahnt die Paradoxität der Wirklichkeit. Licht ist ein solches paradoxes Phänomen: Licht ist sowohl Teilchen wie Welle. Licht ist weder Teilchen noch Welle. Machen Sie das dem Verstand mal klar!

Und jetzt kommt die Prüfung, ob Sie den Gipfel des Bewusstseins erreicht haben. Bitte lesen Sie folgenden Satz sozusagen als Meditation:

Um anzukommen,
Wo du schon immer warst,
Musst du dich auf den Weg machen,
Den es nicht gibt.

Nur das Bewusstsein kann die Wahrheit dieses Satzes wahrnehmen, für den logischen Verstand ist ein solcher »Koan« Blödsinn.

Sind Sie jetzt bei Bewusstsein?! Gehen wir von den gleichen Erfahrungen aus? Haben wir den gleichen Blick vom Gipfel? Wiederholen Sie die Übung dieses Abschnitts gerne, auch mit Ihrer eigenen HABEN-Liste. Dieser Schritt ist zentral für das Verständnis dieses Buches.

## Emotionale Kompetenz

Wir haben den Verstand durch das Bewusstsein von Egozentrik und seinem Alleinvertretungsanspruch geläutert
und können jetzt den Weg gehen, das Kriegsbeil zwischen
Verstand und Gefühl zu begraben und emotionale Kompetenz zu erwerben.

Bekämpfen sich Verstand und Gefühl, neutralisieren sich
ihre Energien gegenseitig und es kommt häufig zu plötzli-
chen, impulsiven Gefühlseruptionen.

Kind ist in den ersten Lebensjahren »nur Gefühl«, lebt in
einem Ozean von Emotionen, Lust und Unlust. Es ist mit
seinen Gefühlen völlig identifiziert und offen, aber auch
völlig abhängig von der Liebe und Zuneigung der Eltern,
insbesondere der Mutter. Was Mutter an emotionalen kindlichen Äußerungen ablehnt und bestraft (z. B. die Lust des
Kindes am eigenen Körper), das verdrängt das Kind, um
die Liebe der Mutter nicht zu verlieren.

Damit verliert es aber auch den vertrauensvollen Zugang
zu den eigenen Gefühlen, misstraut ihnen (und damit sich
selbst) und grenzt Teile des eigenen Selbst aus. Um diese
Energien zu unterdrücken, verbraucht es selbst Energie.

Aber mehr noch: Ein Teil des Selbst greift einen andern
Teil an, um ihn zu unterdrücken: Das ist »Autoaggression«,
wie es z. B. im Nägelkauen auf körperlicher Ebene deutlich
zum Ausdruck kommt. Hier wird durch die strafende Mutter ein »innerer Krieg« im Kind initialisiert.

Das Kind verliert durch diese Selbstunterdrückung aber
auch den Zugang zu den eigentlichen Potenzialen, die nur
gefiltert an die Oberfläche kommen können. Seine Gefühle

werden ihm fremd, es ist sich selbst entfremdet. Es ist nicht mehr authentisch. Es ist sozusagen kein Original mehr, sondern eine Fälschung, sein Gefühlsleben ist nicht mehr originell, sondern verfälscht.

Diesen Teil der Selbstentfremdung machen kleine Jungen wie Mädchen ähnlich durch. Die primäre Ausgrenzung von elementaren Gefühlen ist geschlechtsunspezifisch und macht alle Kleinkinder zu Opfern von Erwachsenen.

Verstand hat sich im Laufe der kindlichen Entwicklung vor allem über den Spracherwerb von Gefühlen differenzieren und emanzipieren müssen. Hierbei kann der Verstand sich mit den »übrig gebliebenen« Gefühlen identifizieren oder sich ganz gegen Gefühle abgrenzen. Die »zweite Kriegsfront« im Inneren des Kindes ist eröffnet.

Die nun folgende sekundäre Entfremdung von den eigenen Gefühlen, den eigenen Potenzialen, der eigenen inneren Kraftquelle trifft Jungen anders als die Mädchen. »Ein Junge weint nicht!« ist der kategorische Imperativ für diese zweite Stufe der Unterdrückung von Emotionen.

Während Mädchen lernen, ihre Gefühle zu verbalisieren, lernen Jungen Gefühle zu unterdrücken und zu rationalisieren. Wenn uns ein schematisches Beispiel erlaubt sei: Während ein Mädchen sagt: »Ich gehe nicht in den Keller, weil ich Angst habe«, sagt ein Junge: »Ich gehe nicht in den Keller, weil ich jetzt spielen gehen möchte.«

Männer haben auf dieser Basis eine emotionslose Wissenschaft und ein gefühlskaltes Wirtschaftssystem aufgebaut und dabei jede emotionale Kompetenz verloren. Im Geschäftsleben sei mitfühlende Rücksicht geschäftsschädigend und nur die erbarmungslose Macht des Stärkeren (gegenüber Mitbewerbern wie auch eigenen Mitarbeitern) förderlich.

Richten wir unser Bewusstsein jetzt auf das Unterbewusstsein nicht als feindliches Gebiet (wie der Verstand es tut), sondern als Kraftquelle und Potenzial.

Emotionale Kompetenz durch Bewusstseinserweiterung zu erwerben heißt:

- sich gegenüber den Gefühlen zu öffnen und die Unterdrückung von Gefühlen zu beenden,
- Gefühlsblockaden zu lösen und in den Fluss der Gefühle zu kommen,
- Gefühle authentisch äußern zu können,
- echte Gefühle leben und keine falschen,
- »Schatten« ins Bewusstsein aufzunehmen und zu »erleuchten«,
- die volle Energie des Unterbewusstseins nutzen
- und seine Potenziale entfalten zu können.

Das ist das Programm zum Erwerb emotionaler Kompetenz durch das Bewusstsein.

Woran erkennt man nun emotionale Kompetenz? Ein Mensch mit emotionaler Kompetenz

- erlebt Träume selten noch als Albträume,
- handelt immer seltener aus Affekt und Impulsivität, strahlt nach außen eine liebevolle und nicht gekünstelte Ruhe und Gelassenheit aus,
- kennt keine falschen Gefühle mehr wie Eifersucht, Hass, Besitzgier, Wut, Aggressivität, Verachtung,

- kann echte Gefühle wie Liebe, Zuneigung, Bewunderung aber auch Angst, Kummer und Trauer zum Ausdruck bringen,
- strahlt Wahrhaftigkeit und Vertrauenswürdigkeit, Authentizität aus,
- lebt kraftvoll, vital und leidenschaftlich.

Die erste Übung zum Erwerb emotionaler Kompetenz sollte erst einmal ein »Check-up« sein. Wie weit sind Sie mit Ihrem Unterbewusstsein und Ihren Gefühlen schon im Reinen?

Bitte beantworten Sie folgende Fragen am besten schriftlich:

- In welchen Situationen schäme ich mich, fühle ich mich gehemmt, ist mir etwas peinlich?
- Wann reagiert mein Körper für mich fremd (z. B. rot im Kopf werden)? Wo spielt mein Körper nicht mit (z. B. im Bereich der Sexualität durch gehemmte männliche oder weibliche Potenziale)?
- Was mag ich nicht an meinen Verhaltensweisen, kann ich nicht akzeptieren, versuche ich anderen Menschen gegenüber zu verbergen?
- Wann fühle ich mich zu starr, zu unflexibel? Wann habe ich das letzte Mal geweint? Warum?
- Wo bin ich impulsiv? Wo platzen bei mir unberechenbar Gefühle heraus?
- Bin ich eifersüchtig? Kann ich Menschen nicht ausstehen? Welche? Was missfällt mir an ihnen?
- Habe ich oft kalte Hände und kalte Füße (Zeichen für blo-

ckierten Energiefluss)? Gerate ich in problematischen Situationen in Angstschweiß? Wann gehen mir Probleme auf den Magen und reagiere ich mit Durchfall? Allgemeiner: Wie äußern sich bei mir nicht zugelassene Gefühle durch körperliche »Unpässlichkeiten«? Verstehe ich diese Sprache?

- Welches Verhältnis habe ich zu meinen Eltern? Welches Verhältnis zum anderen Geschlecht (alles das ist nur ein Spiegel für Konflikte oder Harmonie mit dem eigenen Unterbewusstsein)?
- Wie beurteile ich die Qualität meiner Träume? Sind sie mir eine Botschaft, die ich deuten kann?
- Wie äußere ich Liebe, Sympathie und Zuneigung anderen Menschen gegenüber?

Bitte führen Sie jetzt diese Bestandsaufnahme schriftlich durch. Es ist sozusagen die bewusste »Diagnose« (Durchsicht) und der erste Schritt zur emotionalen Kompetenz! Mit der Zeit werden Sie feststellen, dass Sie die Fragen anders beantworten und dem Ideal der emotionalen Kompetenz immer näher kommen!

## Mentale Kompetenz

Stehen Gefühle und Verstand im Konflikt miteinander, werden nicht nur Gefühle unterdrückt und verzerrt, sondern auch der Verstand deformiert. Der Verstand ist dann eher Rationalisierung als Ratio, eher Rechtfertigung als Einsicht, eher Realitätsverzerrung als realitätsgerechte Wahrnehmung, urteilt eher aus egozentrischer Perspektive als aus übergeordneter Sicht.

Von Gefühlsfluss ausgetrocknetes Denken wird leicht starr, dogmatisch, blutleer und leblos. Denken ist dann eher reaktiv (nachdenken) als konstruktiv (voraus-denken). Man steht ständig vor der Aufgabe, Probleme lösen zu müssen, statt aktiv die Zukunft selbst zu gestalten.

Mentale Kompetenz durch Bewusstseinserweiterung zu erwerben heißt:

- ein gesundes, selbstkritisches Verhalten entwickeln, über sich selbst lachen können,
- sich selbst gegenüber wahrhaftig und ehrlich sein, sich selbst nichts vormachen, sich selbst nicht betrügen,
- nicht Gedanken anderer nachbeten, sondern selbstständig denken,
- die eigene Meinung selbstbewusst vertreten,
- die Meinung anderer gelten lassen können, sie nicht rechthaberisch niedermachen,
- offen für neue Erkenntnisse sein und Vorurteile und Fehlurteile ablegen können,
- seine Auffassung auch ändern, einen Fehler vor anderen auch offen zugeben können,
- eine positive Einstellung zum Lernen haben und geistig ständig dazulernen, aus Fehlern lernen,
- in allem die positive Seite erkennen und ihr Geltung verschaffen, d.h. scheinbar Negatives in Positives umwandeln können,
- Gedanken aufschreiben, das Leben auch schriftlich planen.

So kann sich mentale Kompetenz, echtes Selbstbewusstsein äußern. Durch mentale Kompetenz wird aus EGO-Denken wahrhaftes SELBST-Bewusstsein.

Auch für den Erwerb mentaler Kompetenz ist im ersten Schritt ein »Check-up« angemessen. Hier die Frage:

Wie weit haben Sie Ihr EGO-Denken schon überwunden und SELBST-Bewusstsein erworben?

Bitte beantworten Sie auch folgende Fragen am besten wieder schriftlich:

- Bin ich ehrlich zu mir selbst? Wann mache ich mir in welcher Hinsicht etwas vor?
- Wie realistisch ist ein Selbstbild von mir? Wird es von anderen geteilt oder sind sie anderer Meinung? Weiß ich überhaupt, was andere von mir denken? Interessiert es mich? Frage ich nach?
- Was sind die letzten Lösungen, die ich durch eigenes Denken entwickelt habe?
- Wann habe ich mich von meiner Meinung abbringen lassen, weil jemand anderes auf mich eingeredet hat?
- Wo vertrete ich dezidiert eine andere Meinung als mein Partner (privat oder beruflich)? Kann ich diese Meinung selbstbewusst darstellen?
- Welche Fehler habe ich erkannt und auch vor anderen zugegeben?
- Was habe ich in letzter Zeit gelernt? In welcher Hinsicht entwickle ich mich zur Zeit geistig? Was bedeutet für mich eine geistige Herausforderung?
- Welche Beispiele stehen mir zur Verfügung, dass ich eine

zunächst schwierige Situation positiv und konstruktiv gewendet habe?

Bitte führen Sie diese Bestandsaufnahme schriftlich durch. Auch die später erneute Beantwortung der Frage wird Ihnen zeigen, wie Sie sich geistig weiterentwickelt haben und mehr Selbstbewusstsein und mentale Kompetenz erworben haben.

## Kommunikative Kompetenz

Kommunikative Kompetenz gilt als entscheidend für die Funktionsfähigkeit von privaten wie beruflichen Partnerschaften. Wie viele Menschen »haben sich nichts mehr zu sagen« oder »verstehen sich nicht und reden aneinander vorbei«?! Wenn Kommunikation schwierig oder gar unmöglich wird, bricht über kurz oder lang das Partnerschaftssystem auseinander. Funktionierende Kommunikation dagegen bindet die Teile aneinander und bringt die höhere Einheit, das Ganze hervor.

Kommunikative Kompetenz ist für gemeinschaftliche Systeme konstitutiv, lebenserhaltend und evolutionär.

Ein Haufen von Egozentrikern macht kein qualitativ neues System, sondern ist nur eine organisierte Haufenansammlung. Der Haufen wird durch Regeln und Verträge, vielleicht auch den Despotismus eines »Bestimmers« zusammengehalten. Kommunikation dagegen haucht in Systeme Leben ein, transformiert eine Organisation (und sei es eine Zweiergruppe) zu einem Organismus.

Auch unsere Aberbillionen Körperzellen sind kommunikativ miteinander verbunden. Krebszellen dagegen sind dadurch charakterisiert, dass sie diese Kommunikationsgemeinschaft verlassen, mit dem Körper nicht mehr kommunizieren und ihr eigenes Programm durchziehen.

Partnerschaft lebt vom emotionalen und geistigen Austausch. Wenn eine Partnerschaft eine organisierte Einheit ist (als »Beziehung«, Ehe, Geschäftspartnerschaft), dann braucht sie Struktur, Bewegung, Energie und Geist. Und je mehr ein solcher Austausch zwischen den Partnern möglich ist, desto mehr Synergie bringt das System hervor.

Zur kommunikativen Kompetenz gehören emotionale und mentale Kompetenz, schließt sie ein und transformiert sie. Sie sind die beiden Beine, auf denen kommunikative Kompetenz steht, denn ehrliche Kommunikation umfasst den Austausch von authentischen Gefühlen und wahres Denken.

Je mehr die Partner über emotionale und mentale Kompetenz verfügen, desto höher ist die kommunikative Kompetenz und Lebensfähigkeit des ganzen Systems. Kommunikation dient immer dem Ganzen und ist an der Funktionsfähigkeit des Ganzen orientiert. Sie funktioniert nie monologisch (sozusagen als Einbahnstraße), sondern ist dialogisch.

Kommunikative Kompetenz durch Bewusstseinserweiterung für ein Gruppensystem (von der Paarbeziehung bis zur geschäftlichen Partnerschaft) bedeutet:

• Die Struktur des Systems wird nicht unter Zwang aufrechterhalten. Echte Kommunikation bedarf der Freiwilligkeit.

- Das Ganze hat ein allen bekanntes Ziel und eine geteilte Vision. Es grenzt sich gegenüber »der Außenwelt« deutlich ab, hat eine WIR-Identität.
- Alle haben Teil an der Entwicklung des Systems und partizipieren am Gewinn. Das System funktioniert nicht auf Kosten von Teilen, sondern ist ein Gewinnsystem für alle Teile. So macht es Sinn, sich in das System emotional oder mental einzubringen.
- Geben und Nehmen stehen im Gleichgewicht, in einer harmonischen Balance: des Einzelnen gegenüber dem Ganzen und des Ganzen gegenüber dem Einzelnen.
- Es herrscht eine Atmosphäre des Vertrauens und nicht der Kontrolle. Jeder steht im System an seinem Platz, ist für das Ganze verantwortlich und fühlt sich wohl. Ehrlichkeit und Offenheit werden nicht nur geschätzt, sondern auch honoriert.
- Es existieren im System keine Intrigen, Machtspiele und Manipulationen. Ein solches Aufkommen wird als systemgefährdend verurteilt.
- Emotionale wie mentale Eingaben in die Gruppe werden gleichwertig geschätzt. Gefühle werden ehrlich kommuniziert, wahrgenommen und zum Ausdruck gebracht.
- Gedanken werden kreativ und konstruktiv ausgetauscht. Durch gegenseitige (nicht persönliche und verletzende) Kritik an der Sache und einsichtige Selbstkritik wird ein höherer Konsens erreicht (faule Kompromisse werden abgelehnt).

In einer solchen Atmosphäre kann die kommunikative Kompetenz des Einzelnen ganz entscheidend für das Gelingen des Ganzen beitragen. Das Ganze kann sich nur so (synergetisch) entwickeln, wie die kommunikative Kompetenz der einzelnen Mitglieder es zulässt.

Wir wollen diesen Abschnitt auch wieder mit einem »Check-up« beenden. Wie weit ist Ihre kommunikative Kompetenz bereits entwickelt?

Bitte beantworten Sie folgende Fragen am besten wieder schriftlich:

- In welchen Systemen im unmittelbaren Einflussbereich leben Sie (privat wie beruflich)? Für welche Systeme fühlen Sie sich verantwortlich?
- Fühlen Sie sich auch für das »System Menschheit auf dem Planeten Erde« verantwortlich? Worin läge Ihre Verantwortung? Können Sie mit Erde, Natur, Pflanzen, Tieren kommunizieren? Worin besteht der Austausch?
- Wie sehen Sie das »System Mann-Frau«? Was ist die Aufgabe des Einzelnen zur Erhaltung des ganzen Systems – als Lebensgemeinschaft, als Liebesgemeinschaft, als Gemeinschaft für geistige und spirituelle Entwicklung? Wie kommunizieren Sie als Frau? Wie kommunizieren Sie als Mann? Was ist die kommunikative Stärke des eigenen und anderen Geschlechts? Sehen Sie im sexuellen Austausch eine Form von Kommunikation?
- Wie sehen Sie das »Familiensystem«, das System Eltern-Kind? Was konstituiert das System? Welche Funktion haben die Einzelnen? Welchen Beitrag leisten Kinder (vom Säuglingsalter an) für das Funktionieren des Systems? Worin besteht die kommunikative Stärke von Kindern?

- Welche (möglicherweise unterschiedlichen) Rollen nehmen Sie in den verschiedenen Gruppen ein? Führer? Ma-
cher? Visionär? Analytiker? Organisator? Problemlöser?
Integrierende Kraft?
- Können Sie gut zuhören? Sind Sie als guter Zuhörer be-
kannt? Wer lobt Sie als gute Zuhörerin?
- Haben Sie den Eindruck, dass Sie von anderen verstanden werden oder fühlen Sie sich unverstanden?
- Wo meinen Sie Menschen in Gruppen manipulieren zu
müssen? Spinnen Sie dann und wann auch kleine Intrigen?
- Sind Sie ehrlich? Wo greifen Sie noch zu »Notlügen«?
Wo machen Sie anderen etwas vor, weil er »die Wahrheit
nicht vertragen kann«? Wo haben Sie Ihre »Geheimnisse«
vor anderen?
- Wo führen Sie ein »Doppelleben«? Wo präsentieren Sie
sich mit einem »Janusgesicht«?
- Fordern Sie Menschen auf, Ihnen Feedback zu geben, ermutigen Sie andere Menschen, Sie zu kritisieren? Wie reagieren Sie auf Kritik? Haben Sie aus Kritik schon gelernt
und sich verändert?
- Können Sie Menschen offen Ihre Meinung sagen, ohne sie
zu verletzten? Sind Sie eine geradlinige, ehrliche, wahrhaftige, vertrauenswürdige Person? Sind Sie sicher oder
haben Sie Zweifel?
- Wen könnten Sie fragen? Wann werden Sie es tun?

Bitte führen Sie auch diese »diagnostische« Bestandsaufnahme am besten schriftlich durch. Die Fragen richten Ihre
Aufmerksamkeit auf Punkte, die für kommunikative Kom-

petenz von großer Bedeutung sind. Auch hier können sich mit Ihrer persönlichen Entwicklung die Antworten mit der Zeit ändern.

## Spirituelle Kompetenz

Wenn wir von »spiritueller Kompetenz« sprechen, dann betonen wir wieder die Handlungskompetenz, die Fähigkeit, etwas zu tun. Spirituelle Kompetenz ist mehr als (intuitive) Wahrnehmung, sondern spirituelles Handeln.

Spirituelle Kompetenz baut wiederum auf kommunikative Kompetenz auf und transformiert sie.

Denn schon kommunikative Kompetenz erfordert, die eigene Egozentrik aufzuheben und die Funktionsfähigkeit des Systems ins Zentrum zu stellen, sich selbst in ein bestehendes System selbstbewusst einordnen zu können. Mit spiritueller Kompetenz betrachten wir unser eigenes Leben und das Leben um uns herum aus einer »höheren Perspektive«, und unser Handeln wird heilsam für uns selbst, die Menschen, mit denen wir zusammen leben und arbeiten, das ganze System. Spirituelle Kompetenz ist integrierend.

Mit spiritueller Kompetenz sind wir in der Lage, Zugang zur eigenen Seele zu finden, Zugang zu einer inneren Führung. Es ist, als ob wir eine ganz neue Orientierung im Leben hätten, der Kapitän an Bord eines führungslosen Schiffes gekommen wäre. Wir vertrauen uns einer inneren Führung an und lassen uns von dieser Führung leiten. Unser Handeln wird weise und liebevoll.

Mit spiritueller Kompetenz sind wir auch in der Lage einer Gruppe Seele einzuhauchen! Durch den Zugang zur eigenen Seele nehmen wir auch die Seele anderer Menschen wahr. Doch eine, kommunikativ lebendige Gruppe (ein Liebespaar, eine Familie, ein Arbeitsteam) entwickelt eine eigene Seele, eine Gruppenseele. Es ist eine ganz andere Art von Geborgenheit und Sicherheit. Die Gruppe besteht nicht nur aus Einzelwesen, sondern ist ein Wesen für sich, nimmt sich als »Organ« einer wiederum größeren Einheit wahr.

Spirituelle Kompetenz ist letztendlich, Intuition sicher wahrzunehmen und (bedenkenlos und zweifelsfrei) in Handeln umzusetzen.

Machen wir unseren »spirituellen Check-up«. Wie stark ist Ihre spirituelle Kompetenz bereits entwickelt?

Bitte beantworten Sie folgende Fragen am besten wieder schriftlich:

- Haben Sie Zugang zu Ihrer »inneren Stimme« (die man nicht hören muss, sondern eine Art innere Gewissheit sein kann)? Haben Sie auf diese »Stimme« schon einmal gehört und festgestellt, dass sie sehr hilfreich war?
- Wie häufig haben Sie Zugang zu dieser »inneren Stimme«, »inneren Führung«. Haben Sie ihr vielleicht schon einen Namen gegeben? Kommunizieren Sie mit ihr wie mit einem Menschen? Welchen Charakter hat diese Führung am ehesten? Hat die Führung ein Geschlecht? Elternfigur? Kumpel? Freundin? Liebhaber? Geliebte? Engel?
- Haben Sie eine klare Wahrnehmung eines »inneren Gewissens«, einer höheren Ethik und Moral, die Ihnen »sagt«, was ethisch richtig und verantwortungsbewusst ist?

- Was ist Ihre Seele? Wie äußert sie sich?
- Wie reagieren Sie auf intuitive Handlungsimpulse? Überprüfen Sie sie kritisch oder setzen Sie solche Impulse bedenkenlos in die Tat um? Sind Sie ein spontaner Typ oder eher ein »Bedenkenträger«?
- Wo haben Sie intuitive Handlungsimpulse zu Ihrem Besten spontan umgesetzt?
- Können Sie die Seele einer Gruppe wahrnehmen? Hat Ihre Paarbeziehung eine eigenständige Seele? Wie nähren Sie diese Paar-Seele?
- Sind Sie eine integrative Person? Ziehen Sie Menschen in Ihren »Bannkreis«, weil sie sich von Ihrer Nähe besser und inspiriert fühlen?
- Haben Sie das Gefühl, für andere Menschen ein Segen, heilsam zu sein?
- Haben Sie selbst das Bedürfnis, anderen Menschen bei deren Bewusstseinsentwicklung zu helfen? Erkennen Sie bereits Resultate? Sehen Sie sich als spirituelle Lehrerin, z. B. Kindern gegenüber? Sehen Sie in Kindern spirituelle Wesen, von denen Sie lernen können?

Vielleicht haben Sie mit diesen Fragen die meisten Probleme und können mit ihnen nichts oder nur wenig anfangen. Gerade hier wäre es sehr hilfreich, Ihren gegenwärtigen Bewusstseinsstand zu dokumentieren und ihn am Ende des Buches zu vergleichen. Wenn Sie die hier im Buch vorgeschlagenen Übungen durchgeführt haben: Werden Sie ein Bewusstsein für die Fragen haben und sie anders beantworten? Wird sich Ihre spirituelle Kompetenz entfaltet haben?

## Telepathische Kompetenz

Telepathie ist sozusagen spirituelle Kommunikation. Sie kommunizieren mit einem (Ihnen in der Regel nahestehenden) Menschen ohne körperliche Anwesenheit, ohne Worte, ohne technische Geräte. Durch Telepathie kommunizieren Seelen miteinander. Telepathie ist reine Wahrheit, über Telepathie kann man den anderen nicht betrügen oder manipulieren.

Bei Verliebten funktioniert Telepathie deshalb besonders gut: Ohne Absprache treffen sie sich an einem Ort, spüren, ob es dem anderen gut geht oder nicht. Spüren, wann ein Anruf gebraucht wird. (»Ich habe gerade an dich gedacht und wollte dich selbst anrufen!«) Spüren, wann der andere in Gefahr ist. Spüren aber auch seelische Treue oder Untreue.

Mütter kennen dieses Gespür (wir vermeiden hier bewusst den Begriff »Gefühl«) den eigenen kleinen Kindern gegenüber. Es findet eine starke Kommunikation statt, obwohl die Sprachentwicklung des Kindes dies auf verbaler Ebene noch gar nicht zulässt. Es ist ein »blindes, sprachloses Verstehen«.

Die Kommunikation mit Haustieren kann sehr stark telepathisch geprägt sein. Tiere in der Gemeinschaft von Menschen (»der Hund gehört zur Familie«) sind Meister der Telepathie, da sie diese Kommunikationsform in dem Familiensystem als Alternative zur verbalen Kommunikation ausbauen müssen. Je mehr wir selbst unsere telepathischen Fähigkeiten wahrnehmen, trainieren und ausbauen, desto besser können wir auf dieser Ebene mit Haustieren kommunizieren.

Telepathische Kompetenz setzt kommunikative und spirituelle Kompetenz voraus und transformiert sie. Wer emotionale und mentale Kommunikation verzerrt führt, wird für telepathische Kommunikation blockiert sein. Wer der spirituellen Ebene gegenüber verschlossen ist, wird auch die telepathische Kommunikation nicht nutzen können.

Und da, wo wir Liebe sehr stark empfinden und wir von ihr ganz und gar erfüllt sind (z. B. als Verliebte, als liebevolle Eltern, als Bezugsperson von Haustieren), erfahren wir Telepathie als Teil unserer menschlichen Fähigkeiten.

Wie weit ist Ihre telepathische Kompetenz und Kommunikation entwickelt?

Bitte beantworten Sie die Fragen auch dieses Abschnittes wieder schriftlich, am besten mit Datumsangabe:

- Ist für Sie Telepathie Hokuspokus oder eine Fähigkeit auf spiritueller Ebene, die man wahrnehmen und trainieren kann?
- Sind Sie sich Ihrer telepathischen Fähigkeiten bewusst? Wann ist Ihnen diese Fähigkeit bewusst geworden?
- Welche telepathischen Erlebnisse hatten Sie?
- Welchen Menschen, Tieren gegenüber sind Sie telepathisch »empfangsbereit«.
- Haben Sie schon einmal bewusst telepathisch »gesendet«? Wie ist die »Sendung« angekommen? War der andere empfangsbereit?
- In welchem Zustand sind Sie, wenn Sie »senden«? Im Zustand des Denkens oder im Zustand der Kontemplation?
- Haben Sie ein Gespür dafür, dass es einem geliebten Men-

schen gutgeht, auch wenn Sie lange Zeit nichts von ihm gehört haben?

- Können Sie auf diese Weise mit Tieren oder Pflanzen kommunizieren? Spüren Sie deren Bedürfnisse oder Leiden? Was spüren Sie bei einer Pflanze, die wegen Ihrer Unaufmerksamkeit verwelkt?
- Mit wem fühlen Sie sich telepathisch verbunden? Welche Botschaften tauschen Sie zur Zeit aus?

## Übungen zur Erweiterung der Bewusstseinskompetenz

Fassen wir unsere Gedanken zur Bewusstseinskompetenz und unsere bisherigen Übungen zusammen:

Wenn wir den streng logisch-rationalen Ego-Verstand überschreiten und zu Bewusstsein kommen, verändert dieses Selbst-Bewusstsein alle Ebenen unseres Seins. Durch Bewusstseinserweiterung erwerben wir emotionale, mentale, kommunikative, spirituelle und telepathische Kompetenz. Kompetenz ist immer Handlungskompetenz. Das erweiterte SELBST-Bewusstsein führt so zu neuer und geerdeter Lebenskompetenz. (Trotz abenteuerlicher Bergtour behalten wir immer Boden unter den Füßen.)

Wir haben zunächst eine einfache Übung durchgeführt, indem wir uns unsere Alltagsidentifikation bewusst gemacht und uns von falschen Haben-Identifikationen gelöst haben… bis hin zum: ICH BIN. Wir sind so über den begrenzten Ego-Verstand hinausgewachsen zum mehr oder weniger grenzenlosen Selbst-Bewusstsein.

Dann haben wir mit diesem neuen Selbst-Bewusstsein den emotionalen, mentalen, kommunikativen und spirituellen Bereich reflektiert (Selbstreflexion) und ein neues Verständnis für emotionale, mentale, kommunikative, spirituelle und telepathische Kompetenz erworben.

Wir haben als »Diagnose« unseren aktuellen Stand der Kompetenz in den einzelnen Bereichen grob eingeschätzt und ein »Checkup« durchgeführt. Die Übungen dieses Abschnittes setzen bewusst darauf auf und erweitern die erworbene Bewusstseinskompetenz.

Die in diesem Kapitel durchgeführten Übungen zur Bewusstseinserweiterung und Bewusstseinskompetenz waren mentaler Art, Übungen auf der Ebene des Bewusstseins.

Wir werden diese Übungen ergänzen durch Übungen auf der Ebene des Unterbewusstseins und des Überbewusstseins.

### Affirmationen zur Bewusstseinskompetenz

Affirmationen sind positive und konstruktive Glaubenssätze, die auf das Unterbewusstsein wirken und dort negative Glaubenssätze neutralisieren und ersetzen.

Affirmationen sollte man in einem entspannten Zustand laut lesen, vielleicht vor dem Zubettgehen. Man kann sie auch singen wie kirchliche Gebete. Oder als Merksätze auf kleine Karteikarten schreiben und mit sich herumführen. Vielleicht nimmt man sich täglich eine andere Affirmation vor und lässt etwas den »Zufall« spielen, welche Affirmation als Motto für welchen Tag passt.

Affirmationen sollten häufig und regelmäßig angewendet werden, damit sie wirklich ins Unterbewusstsein aufgenommen werden und nachhaltig wirken können. Je mehr Sie Ihre eigene, ganz persönliche Methode finden, umso besser.

Es ist durchaus nicht sinnvoll, alle hier vorgeschlagenen Affirmationen an einem Stück »nachzubeten«. Stellen Sie sich immer Päckchen von sieben Affirmationen zusammen, die Sie bis zu fünfzig Mal wiederholen, um sie fest in Ihr Unterbewusstsein zu verankern. Dabei werden Sie selbst feststellen, auf welche Affirmationen Sie besonders ansprechen, die Sie vornehmlich trainieren wollen. Möglicherweise finden Sie mit einiger Übung auch eigene, für Sie noch passendere Affirmationen.

**Affirmationen zur Erweiterung emotionaler Kompetenz:**
Ich öffne mich meinen Gefühlen. Sie sind Ausdruck meiner inneren Befindlichkeit und sind stets willkommen.
- Jedes Gefühl will mir etwas sagen und ich nehme seine Botschaft dankend wahr.
- Ich begegne meinen Gefühlen mit immer mehr Ehrlichkeit und Achtsamkeit.
- Mein Unterbewusstsein ist meine Lust- und Kraftquelle, mit der ich mich immer mehr verbinde.
- Ich bin im Fluss meiner Gefühle. Meine Gefühle durchströmen mich warm, beruhigend und kraftvoll.
- Liebe läutert jedes Gefühl. Das Leben liebt mich.
- Alles, was ich tue, tue ich aus Leidenschaft, aus Lust am Leben.

**Affirmationen zur Erweiterung mentaler Kompetenz:**
- Ich vertraue mir und habe ein starkes Selbstbewusstsein.
- Ich bin ehrlich zu mir selbst und bin immer offener im Umgang mit anderen.
- Ich nutze die Kraft meiner Gedanken und finde selbstständig Lösungen.
- Ich nutze meine Fehler zum Lernen.
- Ich fördere mein selbstständiges Denken durch geistige Nahrung und mentale Herausforderungen.
- Ich entdecke in allem die positive Seite und wende es zum Positiven.
- Ich gehe konstruktiv mit Kritik an mir um.

**Affirmationen zur Erweiterung kommunikativer Kompetenz:**
- Ich bin wertvoll und wichtig und übernehme Verantwortung für das Gelingen des Ganzen.
- Ich bringe mich authentisch in Gruppen ein mit eindeutigen Gefühlen und klarem Sprechen.
- Ich habe den Mut, anderen Menschen wahrhaftig zu begegnen, so wie ICH BIN.
- Indem ich mitfühle, anerkenne ich dich. Indem ich hinhöre, achte ich dich. Indem ich dich fair kritisiere, ehre ich dich.
- Ich erkenne in dir deine ganzen Potenziale und schenke ihnen meine Achtung, auf dass sie sich entfalten können.
- Zusammen sind wir besser. Gemeinsam sind wir stark. Im Team sind wir Gewinner.
- WIR SIND EINS. Was ich uns Gutes tue, tue ich mir Gutes. Wo ich uns ehre, ehre ich mich. Was ich gewinne, gewinnen wir.

**Affirmationen zur Erweiterung spiritueller Kompetenz:**
- Ich bin bereit, auf meine innere Stimme zu hören und heiße sie willkommen.
- Ich achte immer mehr auf mein Gewissen und lasse mich von meinem Gewissen leiten.
- Ich lasse Selbstheilung in mir geschehen. Ich gewinne immer mehr an Harmonie und das in jeder Hinsicht.
- Ich wirke integrativ und vereinigend, ich bringe zusammen, was getrennt ist, ich heile, was entzweit ist.
- Ich lebe hier und jetzt – ohne Vergangenheit und ohne Zukunft, jetzt mit jedem Atemzug.
- Meine Seele führt mich. Ich vertraue mich ihr an.
- Ich gebe mein Bestes für die Entfaltung der Schöpfung.

**Affirmationen zur Erweiterung telepathischer Kompetenz:**
- Ich bin Teil des Ganzen und stehe mit allem in Verbindung.
- Ich öffne mich für telepathische Botschaften, bin empfangsbereit für außersinnliche Signale.
- Ich sende meine Botschaft auch über telepathische Kanäle.

**Übung zur Meditation: Kontakt mit der inneren Führung**
Meditation öffnet uns dem Überbewussten. Sie setzt Entspannung und Gedankenstille voraus bzw. bewirkt sie. Meditation ist der Türöffner für Intuition und Telepathie.

Es gibt viele Formen der Meditation. Am besten ist es, wenn Sie die für Sie aktuell passende Meditationsform finden und möglichst häufig üben und den meditativen Zustand immer mehr erweitern. Irgendwann können Sie sagen: Leben ist Meditation und Meditation ist Leben.

Haben Sie überhaupt noch keine Erfahrung mit Meditation, empfiehlt es sich, zunächst körperliche Entspannung zu trainieren, um den Körper schnell und sicher entspannen zu können.

Um Gedankenstille zu erreichen, ist die reine Beobachtung des Atems (»es atmet mich«), ohne den Atem dabei zu beeinflussen, der traditionell bekannteste Weg.

Die gelenkte Meditation, die wir zum Abschluss dieses ersten Teils Ihnen vorschlagen, nimmt Verbindung mit Ihrer inneren Führung auf. Ob Sie an eine solche Führung glauben oder nicht – öffnen Sie sich vorurteilsfrei dieser Meditation und beobachten Sie einfach, was geschieht.

Zur Vorbereitung sollten Sie sich drei für Sie bedeutsame Fragen überlegen und präzise aufschreiben. Wenn Ihnen eine gute Fee drei Fragen beantworten könnte, welche Fragen wären es? Die Antworten auf welche Fragen wären in Ihrem Leben jetzt bedeutsam, würden Sie weiterbringen? Feilen Sie an den Fragen in der Formulierung so lange herum, bis sie wirklich stimmig sind, bis Sie wirklich sagen können: Das sind sie!

Suchen Sie einen ruhigen Ort auf, in dem Sie in der nächsten Stunde nicht gestört sind. Entspannen Sie sich und bringen Sie sich in Gedankenstille.

Am Anfang unserer Meditation ist es vorteilhaft, die Augen zu schließen und zu spüren, wie sich im ganzen Körper eine wohlige Wärme auszubreiten beginnt. Diese wohlige Wärme durchströmt den ganzen Körper, erfasst den Unterleib, breitet sich bis zu den Zehen, den Händen und den Fingern aus. Die Entspannung ist in allen Bereichen des Körpers zu spüren und wird immer tiefer und tiefer. Die Gedanken beruhigen sich. Ich beobachte die Gedanken, wie sie kommen und gehen. Ich beobachte sie aus immer größerer Entfernung: Mit zunehmender Entfernung nimmt der Gedankenstrom immer mehr ab bis er ein kleines Rinnsal ist und versiegt.

Ich begebe mich geistig nun in das Zentrum meiner inneren Wahrnehmung, indem ich mein Bewusstsein nach innen richte. Ich achte auf meinen Atem, die Bewegung meines Körpers durch die Atmung. Ich achte auf meine Herzschläge, nehme das Herz wahr, wie es ruhig und zuverlässig pulsiert – nehme den Takt meines Lebens wahr. Ich spüre, wie mich ein Gefühl der grenzenlosen Liebe durchströmt.

Ich stelle mir ein Wesen vor, das mich bedingungslos liebt und fühle mich von diesem Wesen ganz und gar angenommen und beschützt. Dieses Wesen ist wie ein Schutzengel immer bei mir, behütet mich und will nur das Beste für mich. Ich begrüße dieses Wesen herzlich und bedanke mich für seinen Schutz und seine Liebe.

Ich nehme mir so viel Zeit wie ich brauche, mit dieser Wesenheit vertraut zu werden. Diese Begegnung hat etwas Neues und gleichzeitig etwas sehr Vertrautes. In gewissem Sinne habe ich das Gefühl, zu Hause angekommen zu sein. Ich fühle mich geborgen, beschützt und behütet. Und ich weiß, dass dieses Wesen mich immer begleitet hat und immer begleiten wird. Meine innere Einsamkeit und Sehnsucht haben ein Ende.

Wenn es so weit ist, bitte ich meine innere Führung um Rat und Unterstützung. Ich konzentriere mich auf die drei Fragen, auf die ich Antwort wünsche.

Ich stimme mich auf die Fragen und die entsprechende Schwingung ein. Ich spüre die Energie, die die innere Führung ausstrahlt (Liebe, Akzeptanz, Wohlwollen, Ermutigung …) und lasse sie auf mich einwirken. Ich spüre, wie sich diese Begegnung auf mein Inneres auswirkt. Blockaden können sich bereits jetzt lockern, ich spüre Nähe und Vertrautheit. Ich spüre, wie mich Licht und Wärme durchströmen.

Ich bin ganz offen für diese Energie und spüre, wie sich mein ganzer Körper, meine Gefühle, mein Geist sich entspannen und lockern. Ich spüre die Kommunikation zwischen meinem Wesen und der Wesenheit intensiv und umfassend. Ich verweile erwartungslos in diesem Zustand, solange er anhält. Ich sonne mich nur in diesem Licht und spüre, wie ich innerlich aufblühe.

Ich beende die Sitzung mit der festen Überzeugung, eine Antwort auf die Fragen zu erhalten, und mit einem tiefen Gefühl der Dankbarkeit.

Es ist nicht unbedingt notwendig, die Antworten bereits während der meditativen Sitzung zu erlangen. Doch Sie entwickeln ein Gefühl dafür, dass die Fragen angenommen wurden und eine Antwort bereits unterwegs ist. Es ist in den nächsten Tagen von großer Wichtigkeit, Botschaften aufzunehmen und sie als Antwort zu deuten. Alle »Zufälle«, »Merkwürdigkeiten« können die Antwort sein.

Wer seine innere Führung um Rat bittet, erhält immer eine Antwort. Wir müssen nur bereit sein, diese Führung als Intuition auch zu empfangen und richtig zu deuten.

## Mentale Prinzipien, um wertvolle Lebensaufgaben zu erreichen

Sobald Sie Kontakt zu Ihrer inneren Führung aufgenommen haben, die Quelle Ihrer Inspirationen und Kreativität, können Sie sich mit einem völlig neuen Bewusstsein Ihren Lebensaufgaben zuwenden. Ihre neue Bewusstseinskompetenz wird zur Lebenskompetenz.

- Klären Sie mit Ihrer inneren Führung vor allem Ihre Lebensvision ab: Was für eine Aufgabe haben Sie? Wo liegt Ihre Verantwortung? Und dann machen Sie sich an Ihr Lebenswerk!
- Achten Sie darauf, den Kontakt zu Ihrer inneren Führung nicht zu verlieren. Es kommt eine Zeit, da ist für Sie dieser Kontakt so allgegenwärtig, dass Sie sich nicht erst in Meditation versetzen müssen, um Ihre innere Führung wahrnehmen zu können. Sie sind mit Ihrer Führung durch Intuition ständig verbunden, lassen die Kommunikation gar nicht mehr abreißen. Ihr Wesen und die Wesenheit verschmelzen mehr und mehr miteinander.
- Sie handeln immer mehr aus einer ruhigen Gelassenheit und unerschütterlichen Sicherheit. Wie ein Wunder ver-

schwindet der Stress aus Ihrem Leben. Sie fließen in der Zeit und ruhen außerhalb der Zeit.

- Alles, was Sie sich vornehmen, führen Sie zum ehest möglichen Zeitpunkt durch. Sie schieben nichts auf, sondern folgen bedenkenlos Ihren intuitiven Handlungsimpulsen.
- Sie befreien sich immer mehr von Nebensächlichkeiten, Dringendem und leben wesentlich. Ihr Leben ist heil und gesegnet und Sie werden zum Segen und zur Heilung für andere.
- Menschen, die Sie für Ihre Interessen einsetzen und ausnutzen wollen, verschwinden mehr und mehr aus Ihrem Leben. Menschen, die leben wie Sie, treten in Ihr Leben und ermöglichen es, größere Aufgaben im Interesse des Ganzen gemeinsam zu bewältigen.
- Die Aufgaben, die Ihnen auf Ihrem Lebensweg mitgegeben wurden, erfüllen Sie jetzt ohne jeden Zweifel. Und eines wird aus Ihrem Leben sofort verschwinden: Alles, was Sie gemacht haben, um anderen zu gefallen, was aber nicht Ihrem wahren Selbst entspricht. Damit schaffen Sie die Basis für ein erfolgreiches, glückliches und liebevolles selbstbewusstes Sein, für wahre Lebenskompetenz.
- Sie spüren immer mehr eine innere Harmonie, weil Ihr Unterbewusstsein, Ihr Bewusstsein und Ihr Überbewusstsein an einem Strang ziehen: der Erfüllung Ihrer Lebensaufgabe.

## Teil 2
# Die Erfolgsgesetze

Wir haben erkannt, dass Gesetze stets geistiger Art sind. Gesetze waren als geistige Qualitäten vor der Materie (die objektive Seite), vom Menschen erkannte Gesetze sind geistig formuliert (die subjektive Seite).

Naturgesetze sind sozusagen Besonderheiten der geistigen Gesetze bezogen auf den Bereich der noch nicht zu Bewusstsein gekommenen Natur, vom Stein bis zum Tier, von der physikalischen bis zur biologischen Sphäre.

Erfolgsgesetze sind Besonderheiten der geistigen Gesetze bezogen auf den menschlichen Bereich, den Bereich des bewussten Handelns. Wer bewusst handelt, will dies mit Erfolg tun. (Niemand hat die Absicht, erfolglos zu sein oder Misserfolge zu verursachen.)

Während Tiere »bewusstlos« in Naturgesetzen leben, von Instinkten und unterbewussten Programmen gesteuert werden, erhebt sich der Mensch aus dem Unterbewussten der Natur zum Bewusstsein der Kultur. Jetzt erkennt er Gesetze und nutzt sie für sein erfolgreiches Handeln.

Zunächst waren es also Naturgesetze, die vom Menschen zunächst erkannt und danach dann auf verschiedene Arten erfolgreich technisch umgesetzt wurden.

Das beginnt in der Urzeit der Menschheit mit der Nutzung von Feuer, der Herstellung von Kleidung und Jagd-

werkzeugen, um klimatisch schwierige Regionen bewohn-
bar zu machen und überlebensfähig zu sein.

Die Gesetze der Ernte und die Gesetze der Zucht waren
darauf epochemachende Erkenntnisse, die ganze Kulturen
hervorbrachten: den weiblich dominierten Gartenbau (mit
noch wenigen technischen Hilfsmitteln) und den männlich dominierten Ackerbau (mit gezähmten und gezüchte-
ten Tieren und dem Pflug als technischem Hilfsmittel) und
dem Patriarchat in der Konsequenz.

Tierzucht setzte voraus, dass Frauen die »Gesetze der
Sexualität« erkannten: Kinder werden durch Sex gezeugt
und haben einen bestimmten Vater. Bitte bedenken Sie, dass
Frau diesen Zusammenhang erst einmal erkennen musste!
Das ist keine Selbstverständlichkeit. Es soll heute noch
Stämme geben, bei denen dieses Wissen ein Herrschaftswis-
sen und Geheimnis der Frauen geblieben ist.

Männer nutzten später dieses Wissen, um im ursprüng-
lichen Patriarchat den Besitz an den »ältesten Sohn« verer-
ben zu können. Um sicherzugehen, dass der »älteste Sohn«
auch wirklich eigener Zeugung entsprang, wurde Frau ge-
heiratet und zur strikten Monogamie gezwungen.

Die Epoche der Industrialisierung beruht auf der Erkenntnis und Anwendung von systematischer Naturwissenschaft und formulierten Naturgesetzen (z. B. die der
Mechanik und Elektrizität).

Dann waren es Gesellschaftsgesetze, die zur Steuerung
der Gesellschaft erkannt und angewendet wurden. Eine der
ersten großen Entwürfe war die Gesellschaftstheorie von
Karl Marx. Dies kann heute bei aller inhaltlichen Kritik an-
erkannt werden. Doch bis heute gibt es noch keine Gesell-

schaftstheorie, die von ihrem Geltungsbereich über Karl Marx hinausgegangen wäre, noch einmal diesen großen Wurf gewagt hätte! Der moderne Marx als ganzheitlicher Gesellschaftstheoretiker fehlt uns noch.

Wie gesagt: Das Erkennen von bestimmten Gesetzen hat ganze Epochen der Menschheit konstituiert!

Heute helfen Erfolgsgesetze jedem einzelnen Menschen, seinen Lebenserfolg bewusst zu planen. Und das ist sozusagen das »missing link« (das fehlende Kettenglied) in einer modernen Gesellschaftstheorie. Denn eine solche Gesellschaftstheorie muss als gesellschaftliche Einheit selbstständige und erfolgreiche Menschen voraussetzen.

Das Erkennen und breite Anwenden der Erfolgsgesetze durch immer mehr Menschen, kann eine neue Epoche der Menschheitsentwicklung eröffnen!

IN DIESEM SINNE: Das Buch möge dazu einen epochalen Beitrag leisten.

Nun ist die Darstellung der Erfolgsgesetze nichts grundlegend Neues. Klassisch liegen sie seit fast 100 Jahren durch Napoleon Hill vor: »Napoleon Hills Gesetze des Erfolgs«, oder in der Originalsprache: »Laws of Success«.

Hier sind für das »Land der unbegrenzten Möglichkeiten« in pragmatischer Weise Erfolgsregeln zusammengefasst, die das heutige Erfolgsdenken nach wie vor prägen. So große Köpfe wie Henry Ford und Andrew Carnegie haben am Zustandekommen dieses Werkes ihren Beitrag geleistet. Diese Gesetze des Erfolgs von Napoleon Hill haben das amerikanische Geschäftsleben ganz entscheidend mitgeprägt.

Wir könnten in Anlehnung eines bekannten Spruchs von

Alfred North Whitehead[1] sagen: Die aktuelle Erfolgsliteratur ist lediglich eine Fußnote zu dem klassischen Werk von Napoleon Hill.

Perspektive von Napoleon Hill ist der amerikanische Pragmatismus mit seinen vielen Vorzügen und Schwächen. Letztlich ist diese die auf den Punkt gebrachte Egozentrik! ERFOLG ist demnach, wenn das EGO sich durchsetzt und seine Ziele erreicht. Pragmatische Erfolgs-Philosophie ist materialistische Ego-Philosophie, Grundlage auch des »imperialistischen Materialismus«, der in der amerikanischen Großmacht seine Verkörperung gefunden hat.

Unser Ansatz geht darüber hinaus. Wir nähern uns den Erfolgsgesetzen nicht vom amerikanischen Pragmatismus her, sondern von der Spiritualität.

Spiritualität lässt nur das als Erfolg gelten, was andere nicht schädigt: weder andere Menschen, noch die Menschheit, die Natur oder den Planeten Erde. Der amerikanische Pragmatismus schließt die Möglichkeit der Ausbeutung von Mensch, Tier und Erde ein. Spirituelle Erfolgsphilosophie dagegen ist eine Philosophie der Kooperation, des Gewinnsystems für alle, frei von Ausbeutung und Unterdrückung.

Die Wurzeln der spirituellen oder geistigen Erfolgsgesetze sind die »Geistigen Gesetze« von Prof. Kurt Tepperwein, klassisch 1992 formuliert. Sie sind ein erster deutschsprachiger Versuch, die über den Naturgesetzten stehenden geistigen Gesetze populär zu machen.

---

[1]   Alfred North Whiteheads Bemerkung lautete: »Die Philosophie nach Platon ist nur eine Fußnote der Werke von Platon.«

Daran lehnen wir uns hier an mit der Absicht, ERFOLG und GEIST miteinander zu versöhnen, Erfolg aus materialistischer Denkweise zu befreien und in ein echtes Erfolgsbewusstsein zu transformieren, um die aktuelle Krise der Menschheit zu überwinden. Was die pragmatischen Erfolgsregeln für den egozentrischen Verstand ist das spirituelle Erfolgsbewusstsein für das neue SELBST-Bewusstsein von Menschen und Menschheit.

Der Unterschied wird sofort deutlich, wenn wir zwei zentrale Begriffe dieser unterschiedlichen Herangehensweise miteinander vergleichen: Ziele und Visionen.

Das Setzen von Zielen durch den planenden Verstand ist für das pragmatische Erfolgsdenken zentral. Denn Erfolg ist das Erreichen seines Ziels. Man entfaltet dabei ganze Zielhierarchien: Tages-, Wochen-, Monats-, Jahresziele, Fünf-Jahres-Ziele, Zehn-Jahres-Ziele, Lebensziele. Alles unter dem Kommando des Verstandes. Damit ist der Verstand natürlich hoffnungslos überfordert!

Das Empfangen von Visionen durch die Intuition ist dagegen für spirituelles Erfolgsbewusstsein zentral. Visionen kann man nicht planen und sich ausdenken, sondern nur intuitiv empfangen. Damit ist das zentrale Steuerungsinstrument für spirituelles Erfolgsbewusstsein die (überbewusste) Intuition und nicht mehr der (Ego-) Verstand.

Die Grundlegung dieses spirituellen Erfolgsbewusstseins werden wir in der Folge entfalten.

Es werden zwölf geistige Gesetze in ihrer Bedeutung für das spirituelle Erfolgsbewusstsein dargestellt. Zunächst die energetischen Gesetze: die Gesetze der Schwingung, der Resonanz, der Polarität, des Rhythmus und der Harmonie, dann die mentalen Gesetze: die Gesetze des Denkens, des Potenzials, der Ursache und Wirkung, der Analogie und der Imagination, und die spirituellen Gesetze: die Gesetze des Glaubens und der Liebe.

Jedes Gesetz wird zunächst klar definiert und anhand von Beispielen erläutert. Dann stellen wir die Rolle des Gesetzes für das Erfolgsbewusstsein dar. Wir beantworten jedoch nicht nur die Frage, was das Gesetz für den ERFOLG bedeutet, sondern wie egozentrisches Erfolgsdenken und spirituelles Erfolgsbewusstsein anhand dieses Gesetzes unterschieden werden können.

Wir betrachten jedes Gesetz in seiner Auswirkung und für seinen Nutzen auf den drei Ebenen: der emotionalen Ebene, der mentalen Ebene und der spirituellen Ebene.

Jedes Gesetz erhält Anregungen zu Übungen. Dies ist eher ein Kür- als ein Pflichtprogramm. Es liegt ganz an Ihnen, wie tief Sie in dieses Thema jetzt eindringen möchten, ob Sie die Gedanken dieses Buches direkt praktisch umsetzen und als Erlebnisbuch praktizieren wollen. (Doch ein Hinweis sei gleich gestattet: Das Buch ist für Sie das Beste, das Sie in die Praxis umsetzen.)

Auch wenn die Abfolge eine gewisse (fast bestechende) Harmonie enthält, so ist es kein Programm, an das Sie sich sklavisch halten müssten. Die Übungen können auch Anregungen geben, wie Sie Ihre eigenen Übungsformen kreieren. Diesen zweiten Teil des Buches brauchen Sie nicht Seite für Seite zu lesen. Vielleicht lesen Sie zunächst immer nur den ersten Teil der zwölf Gesetze durch: die Definition und Erläuterung der Gesetze. Erst am Ende setzen Sie dann alle Übungen um. Aber Sie wissen schon...

Sie halten ein Buch in den Händen, das Ihr Leben dramatisch verändern kann. Machen Sie etwas draus!

# 1. Das Gesetz der Schwingung

## Das Gesetz

Das Gesetz der Schwingung besagt: Alles befindet sich in Bewegung, nichts steht still, alles ist Schwingung. Freie Energie, Materie, Leben, Geist sind unterschiedliche Manifestationen von Schwingungen. Schwingungen sind Erscheinungsformen von Energie, interferieren und übertragen Energie. Der ganze Kosmos ist ein einziges Schwingungsmeer. Jedes identifizierbare Objekt hat ein typisches Schwingungsmuster, mit dem es sich seiner Umwelt »mitteilt« und mit ihr »kommuniziert«.

Der Unterschied zwischen einem Atom und einem Menschen besteht sozusagen in einem anderen Schwingungsmuster – beim Menschen ist dieses Muster natürlich erheblich komplexer als bei einem Atom. Doch es ist sicher nicht ohne Weiteres einsichtig, warum alles Schwingung sein soll. Was ist an einem Stein z. B. »Schwingung«?!

Das, was zunächst als kompakt erscheint (der Stein), ist beim näheren »Hinsehen« (mittels Elektronenmikroskop oder anderen technischen Instrumenten der Kernphysik) zu über 99 Prozent leerer Raum – dann und wann »im Stein« die Schwingung, das Pulsieren eines Atoms oder Moleküls. Den in der groben Sicht so kompakt erscheinenden Stein erkennen wir auf Mikroebene als leeren Raum plus Schwingungen von Atomen und Molekülen. Was sich uns da als so kompaktes Gebilde präsentieren möchte, ist sozusagen »Nichts plus pulsierende Miniteilchen«.

Glaubt man nun, das Atom sei endlich kompakt, so wird sich das gleiche Schauspiel auf dieser Ebene wiederholen: Das Atom ist zu über 99 Prozent leerer Raum, dann und wann Elementarteilchen mit hohen Schwingungen. Am Ende bleibt nichts Festes, nur Schwingung, Vibration, Erregung, Wellenmuster, oszillierende Felder: das Quantenvakuum.

In der anderen Richtung sieht es ähnlich aus! Auch der Kosmos ist zu über 99 Prozent leerer Raum, dann und wann Sterne oder Planeten. Wieder die Erscheinung eines kompakten Gebildes, aber das kennen wir ja schon …

Dabei ist jedes Elementarteilchen, jedes Atom, jedes Molekül durch sein spezifisches Schwingungsmuster identifizierbar! Dies macht sich die moderne Naturforschung zunutze und entwickelt Messinstrumente, die diese spezifischen Schwingungen deuten und »übersetzen«. Selbst das Alter von Gestein ist ein Schwingungsmuster, das die moderne Wissenschaft entschlüsselt hat, um so z. B. das Alter der Erde oder einzelner Gebirge bestimmen zu können.

Wir sprechen von den »good vibrations« eines Menschen, in denen wir uns regelrecht sonnen können. Wie stark werden wir davon beeinflusst!

Wer verliebt ist, weiß, was Schwingungen zwischen zwei Menschen sind. Hier sind die Vibrationen, die Erregung so hoch und so stark, dass sie nicht übersehen werden können und wahrgenommen werden. Aber dieser erregende Tanz der Schwingungen spielt sich nicht nur zwischen Verliebten ab, sondern auf gedämpfterer Weise zwischen allen Menschen, die irgendetwas miteinander zu tun haben.

Oder denken wir an die Musik, ein Schwingungsmeer für unsere Ohren. Musik kann uns beschwingen, in einen anderen Gemütszustand versetzen. Ist das nicht ein gar unglaubliches Phänomen?!

Kurz: Alles besteht aus Schwingung und unterscheidet sich in Schwingungsmustern. Was schwingt, setzt anderes in Bewegung, überträgt Energie (z. B. das, was wir über unser Trommelfell als Geräusch wahrnehmen können).

Schwingungen sind die Wellen des Energiemeeres. Alles ist eingetaucht in dieses energetische Schwingungsmeer, ist Teil des Energie-Ozeans. In diesem Meer interferiert alles miteinander, ist alles miteinander vernetzt und verbunden. Die tiefe spirituelle Weisheit »Wir sind alle eins« hat auf dieser Ebene ihre erklärbare und wahrnehmbare Entsprechung: Wir sind ein in-dividuelles (»un-teilbares«) Schwingungsmuster im Ozean der Energie!

**Die Rolle des Gesetzes für das Erfolgsbewusstsein**

Es gibt für alle Bereiche des Erfolgs sowie auch des Misserfolgs bestimmte Schwingungen. Erfolg hat ein anderes Schwingungsmuster als Misserfolg. Armut ist ein Schwingungsmuster, Wohlstand ist ein anderes Schwingungsmuster. Die Frequenz von Erfolg und Wohlstand liegen immer höher als von Misserfolg und Armut. Bei einem Erfolgserlebnis fühlen wir uns »high«, bei Misserfolg »down«. Wir haben Hochgefühle oder wir sind niedergeschlagen.

So spüren wir unser eigenes Schwingungsmuster, das wir nach außen aussenden.

So grundlegend das Gesetz der Schwingung ist, so bedeutsam ist es auch für eine erfolgreiche Lebensführung. Alle unsere verschiedenen Ebenen, ihre Harmonie oder Disharmonie, wirken auf andere Menschen, wir kommunizieren über diese Schwingungen mit ihnen. Das bedeutet im Kern der berühmte Satz von Paul Watzlawick: »Wir können nicht nicht kommunizieren.«

Wir geben von unserem aktuellen Zustand sozusagen ein Gesamtbild ab; ein anderes Wort für das Schwingungsmuster, das jeden Menschen einzigartig macht. Es ist so einzigartig wie ein Fingerabdruck, mit jedoch dem bedeutenden Unterschied, dass sich dieses Bild ständig wandeln kann! Jeder kennt dieses Gesamtbild vom »ersten Eindruck«, den ein Mensch vermittelt: Bekanntlich bekommt man für den ersten Eindruck keine zweite Chance.

Egozentrisches Erfolgsdenken ist sich dieses Bildes, das wir nach außen abgeben, durchaus bewusst und sucht es positiv und oft auch manipulativ zu beeinflussen. Ein Erfolgsmensch trage eine typische Kleidung, fahre ein typisches Auto, besitze ein typisches Haus, habe sich mit typischen Erfolgsinsignien zu umgeben.

Doch oft ist dies alles nur Bluff und Fassade! »Mehr Schein als Sein« sagt ein Sprichwort dazu. Was nutzt die Fassade, wenn alles auf Kredit und Pump aufgebaut ist und dahinter das Schwingungsmuster der Angst vor Verlust der Fassade und der blendenden Täuschung anderer Menschen durchscheint? Fassade und Bluff sind letztlich immer durchschaubar! Der Körper kann nicht lügen.

Spirituelles Erfolgsbewusstsein dagegen legt den Wert nicht auf äußeren Schein, sondern auf inneres Scheinen. Es geht nicht um die materielle und blendende Fassade, sondern um die menschliche Aura, das gewinnende Charisma.

Unsere Aufgabe ist es vielmehr, den inneren Diamanten, den jeder in sich trägt, auszugraben, zu schleifen und zum

Strahlen zu bringen! »Schönheit kommt von innen«, und das gilt nicht nur für Frauen. Wir brauchen uns nicht mit Imitationen, Klunkern und Blendwerk zu umhängen, sondern unseren inneren Diamanten (unsere Talente, Genialität, Originalität und Einzigartigkeit) zum Strahlen bringen.

### Schwingungen auf emotionaler Ebene

Das Unterbewusstsein ist ein Schwingungsmuster, das Erfolg fördern oder verhindern kann.

Der überwiegende Teil unseres Unterbewusstseins ist erfolgsfördernd, insbesondere unser inneres Potenzial, unsere Talente, das Genie, das in jedem von uns schlummert und nach langem Schlaf wachgeküsst werden möchte. Hier sprudelt unsere Kraftquelle und es liegt an uns, ob sie als kleines, eingeschüchtertes Rinnsal oder als reißender Strom voller Lebensfreude, Leidenschaft und Begeisterung an den Tag tritt.

Alle echten Gefühle sind erfolgsfördernd, unser inneres Feuer, unsere innere Motivation, um in jeder Lebenslage »voll da« zu sein. Auch für den eher seltenen Fall, dass Angst ein echtes Gefühl ist, kann es uns davor beschützen, uns zu verletzen und zu schädigen.

Liebe, Sympathie, Mitgefühl, Neugierde sind eindeutig erfolgsfördernde Gefühle, die unsere Aura (unseren Gesamteindruck beim anderen) zum Strahlen bringen und uns selbst sympathisch machen.

Erfolgshemmend ist dagegen alles, was wir im Laufe unserer Entwicklung unterdrückt und verdrängt haben und ein »Schattendasein« in unserem Unterbewusstsein fristet. Es raubt uns nicht nur Energie, sondern ist sozusagen Störfeuer, überlagert unsere erfolgsfördernden Schwingungen und schafft Disharmonien. Unser nach außen ausgestrahltes Bild verliert an Eindeutigkeit und Klarheit, Helligkeit und Schönheit.

»Falsche Gefühle« sind ebenso erfolgshemmend. Sie sind negative Gedanken oder innere Bilder, die sich als Gefühle tarnen und mit Emotionen besetzt sind.

Angst ist in den seltensten Fällen ein echtes Gefühl.

Die Angst einen Arbeitsplatz zu verlieren, ist z. B. kein biologisches Gefühl, sondern eine negative Vorstellung, ein inneres Bild, die mit ängstlichen Energien besetzt sind. Selbst die Angst vor Krankheit ist kein echtes Gefühl. Krankheit ist ein Signal des Körpers, und der Körper hat sicherlich keine Angst vor seinen eigenen Signalen.

Diese falschen Ängste sind immer mit Vorstellungsbildern verbunden, hausgemacht und als Gefühl getarnt ins Unterbewusstsein verpflanzt.

Die Summe der fördernden und hemmenden Schwingungen in uns verdichten sich zu unserem unterbewussten Selbstbild und Selbstwertgefühl, das jeder hat.

Wir haben ein bestimmtes Selbstbild, das wir unbewusst ständig nach außen präsentieren, als unseren Gesamteindruck an andere vermitteln. Dieses Selbstbild ist ganz entscheidend dafür, ob wir im Leben Erfolg haben oder nicht.

Das Selbstwertgefühl korrespondiert mit diesem Selbstbild. Es ist die emotionale Seite des Bildes. Wie fühle ich mich in meiner Haut, in meiner Person?

Eine der interessantesten (und in der Regel unbewussten) Ausdrucksformen unseres persönlichen und aktuellen Schwingungsmusters hat einen Klang, ist der Klang der

Stimme! Ist die Stimme atemflüssig oder gehemmt? Unsere Stimme verrät unsere Stimmung, unsere aktuelle wie Lebensstimmung. Sie hören einen unbekannten Menschen nur am Telefon und können über den Klang seiner Stimme schon vieles sagen, über seine Persönlichkeit, über seine Stimmung, über sein Selbstbild, sein Selbstwertgefühl.

Alles ist Schwingung! Wir teilen uns auch über hörbare Schwingungen mit. Wie viel kann ein Blinder über einen anderen Menschen aussagen, weil er viel sensibler für diese hörbaren Schwingungen ist!

## Schwingungen auf mentaler Ebene

Gedanken sind Schwingungen und in der Regel von höherer Frequenz als Gefühle.

Wie wir denken, teilen wir als Schwingungsmuster unserer Umwelt mit. Es macht einen Unterschied, ob wir positiv oder negativ denken, ob wir lösungsorientiert und konstruktiv oder problemorientiert und destruktiv denken. Sie können bei einem Menschen spüren, ob er vor Problemen kapituliert und wegläuft oder ein zupackender Problemlöser ist.

Erfolgsfördernde Gedankenschwingungen sind sensibler, differenzierter, feinfühliger, sprachlich gewandter. Erfolgshemmende Gedankenschwingungen eher Schwarz-Weiß-Denken, grobes Denken, nachgekautes Denken, sprachlich undifferenziert, tendenziell vulgär und emotional destruktiv aufgeladen.

### Schwingungen auf spiritueller Ebene

Schwingungen auf spiritueller Ebene sind die höchsten. Ein Mensch, der dieses Schwingungsmuster wahrnehmen und beeinflussen kann, hat ein sympathisches Charisma, eine klare Erfolgsaura. Er drückt Selbstbewusstsein, Vertrauenswürdigkeit, Ethik, Ehrlichkeit, Wahrhaftigkeit, Integrität, Sinnhaftigkeit, Heilsein aus.

Wer auf dieser Schwingungsebene zu Hause ist, der ist auch offen für intuitive Wahrnehmung. INTUITION IST SCHWINGUNG und braucht ein Wahrnehmungsinstrument, das sich darauf »einschwingen« kann. Je mehr Intuition unseren Lebenserfolg bestimmt, desto nachhaltiger und gewinnbringender ist er für alle. Intuition ist der Kern spirituellen Erfolgsbewusstseins.

## Übungen zum Gesetz der Schwingung

Die Übungen zum Gesetz der Schwingung sind zunächst einmal darauf ausgelegt, Schwingungen wahrzunehmen, Sensibilität für eigene und fremde Schwingungsmuster zu entwickeln.

### Selbstwahrnehmung

Wir beginnen die Erweiterung der Wahrnehmung für Schwingungsmuster mit der Selbstwahrnehmung. Können Sie Ihr persönliches und aktuelles Schwingungsmuster wahrnehmen?

Erfassen Sie die Fragen nicht so sehr logisch, sondern eher psycho-logisch, schwingen Sie sich sozusagen in diese

Fragen ein, erfassen Sie sie meditativ. Was für eine Antwort kommt Ihnen intuitiv? Schreiben Sie die Antwort auf, ohne sich Gedanken darüber zu machen. Lassen Sie Ihre »innere Stimme« Ihre Fragen beantworten. Trainieren Sie mit den Antworten auf diese Fragen Ihre Intuition! Vertrauen Sie ihr. Sie hilft Ihnen jetzt einen gewaltigen Schritt voran zur Selbsterkenntnis!

- Habe ich Kontakt zu meinen Talenten, meiner Berufung, meinem Genie in mir? Oder bin ich mir selbst noch fremd? Habe ich eine Antwort auf die Frage: Wer bin ich?
- Habe ich mich schon gefunden oder mache ich eher einen »verlorenen« Eindruck? Bin ich verwurzelt oder schwebe ich irgendwo bindungslos?
- Nehme ich mich als eigenständiges Wesen wahr oder als Teil von etwas (z. B. als Sohn, als Ehefrau)?
- Kann ich mich selbst sehen oder sehe ich mich in den Augen eines anderen? Aus wessen Augen betrachte ich mich? Sind das kritische oder liebevolle Augen?
- Wie viele Prozent meiner Potenziale lebe ich schon? Was habe ich aus mir gemacht? Was kann ich noch aus mir machen?
- Was sind meine fünf wichtigsten Gefühle, die ich ehrlich zum Ausdruck bringen kann, wo ich im Fluss mit mir selbst bin?
- Was ist mit Leidenschaft? Was empfinde ich bei diesem Wort? Was schwingt in mir?
- Was ist mit Scham? Beschämung? Was empfinde ich dabei?
- Was mag ich an mir, was nicht? (Bitte erstellen Sie dazu eine schriftliche Liste!)

- Kann ich meinen Schatten erkennen? Was ist in mir, an mir fremd, was unangenehm?
- Wenn ich mein Bild von mir betrachte, was sehe ich da? Bin ich ein Kind, ein Erwachsener? Welches Alter? Was für einen Eindruck macht dieser Mensch?
- Fühle ich mich wohl in meiner Haut oder möchte ich lieber aus meiner Haut fahren?
- Wie charakterisiere ich mein Denken? Kritisch? Skeptisch? Bedenklich? Konstruktiv? Probleme lösend? Wegweisend?
- Habe ich meinen Lebenssinn schon erkannt? Kann ich ihn beschreiben? Wem habe ich ihn schon mitgeteilt?
- Was macht mein Selbstbewusstsein aus?
- Wie sehr vertraue ich bereits meiner Intuition?

**Fremdwahrnehmung**

Wenn Sie die Übung zur Selbstwahrnehmung beendet haben, dann nehmen Sie sich zwei Bilder von persönlich nicht bekannten Menschen z. B. aus einer Illustrierten, von einem Mann und einer Frau. Versuchen Sie diese Menschen nach den obigen Fragen wahrzunehmen und zu beschreiben. Öffnen Sie sich auch jetzt wieder voll und ganz Ihrer Intuition!

Sie kennen diese Person nicht und wundern sich, wie viel Sie plötzlich wahrnehmen können. Sie erkennen, die Augen dieser Person erzählen Ihnen Bände! Sie könnten ja fast eine Biografie dieses Menschen schreiben, so viel können Sie in seinem (ihrem) Gesicht lesen. Sie beginnen, mit Ihrer Hellsichtigkeit Kontakt aufzunehmen!

Okay: Ihr kritischer Verstand fährt dazwischen (darf er!):

»Wie soll ich wissen, ob es auch stimmt, was ich da wahrnehme? Kann nicht alles Projektion sein?«

Und wenn schon! Spielen Sie! Trainieren Sie Ihre Wahrnehmung für die Schwingungen eines fremden Menschen! Sie werden immer besser werden und mit der Zeit Wahrnehmung und Projektion differenzieren können.

- Wie unterscheidet sich Ihre Wahrnehmung bei den beiden Geschlechtern? Sehen Sie den fremden Mann anders als die fremde Frau?
- Was könnte Projektion Ihrer eigenen Eigenschaften sein? Sehen Sie in dem einen Menschen erwünschte Eigenschaften in dem anderen einen Teil Ihres Schattens?
- Verbessert diese Übung Ihre Selbstwahrnehmung? Gehen Sie die Fragen doch noch einmal durch! Haben Sie durch das Training der Fremdwahrnehmung auch Ihre Selbstwahrnehmung verbessern können?

**Wie stimmig sind Sie?**

Der Klang Ihrer Stimme verrät am meisten, ob Sie stimmig sind oder nicht. In Ihrer Stimme bringen Sie Ihr Stimmigsein zum Ausdruck. Menschen, die ehrlich mit sich selbst umgehen können, sich nicht selbst betrügen, die anderen gegenüber offen sind und nicht Versteck spielen, leben stimmig. Es stimmt einfach alles. Ihre Stimme ist der »Seismograf« für Ihr Stimmigsein.

Nehmen Sie Ihre Stimme nur einmal für fünf Minuten auf einem Kassettenrekorder auf. Sie werden wahrscheinlich entsetzt sein und an der Qualität des Aufnahmegerätes zweifeln.

Wenn Sie dieses Buch erfolgreich »durchgearbeitet« haben (sympathischer: »durchlebt haben«!), wird sich Ihre Stimme für Sie anders anhören! Es geht jetzt nur einmal darum, Ihre gegenwärtige Stimmung zu dokumentieren. Lassen Sie sich dieses Erlebnis und diese Selbsterkenntnis nicht entgehen! Ihr persönliches und aktuelles Schwingungsmuster hat einen hörbaren Klang. Hören Sie auf sich!

## 2. Das Gesetz der Resonanz

**Das Gesetz**

Das Gesetz der Resonanz besagt: Gleiches zieht Gleiches an und wird durch Gleiches verstärkt. Ungleiches stößt einander ab. Das Stärkere bestimmt das Schwächere und gleicht es sich an.

Unsere Alltagssprache hat einen Ausdruck für dieses universelle Gesetz gefunden. Wir sagen: »Gleich und gleich gesellt sich gern« oder »Zeige mir, mit wem du befreundet bist, und ich sage dir, wer du bist«.

Das Gesetz der Resonanz ist eine direkte Folge und Auswirkung des Gesetzes der Schwingung. Da sich Schwingungen unterscheiden und miteinander verstärkend oder schwächend überlagern, kann es zu der Besonderheit der Resonanzschwingung kommen. Bringt man eine Brücke in eine solche Resonanzschwingung, kann sie unter unglaublich gering wirkender Kraft zusammenbrechen.

Ähnliche Schwingungen ziehen sich an, um Synergien über Resonanzen zu erzeugen.

Das ist eines der faszinierendsten Erfolgsgeheimnisse der Natur, wie mit unglaublich geringem Einsatz große Wirkung erzielt werden kann. Dieser syn-ergetische (»zusammen-arbeitende«) Effekt über Resonanzschwingungen bedeutet bildlich gesprochen, dass 1 + 1 nicht 2 sind, sondern 5. Denken wir z. B. an den Resonanzkörper einer Gitarre, wodurch der Klang einer Saite verstärkt wird.

Bei Resonanzschwingungen werden Kräfte nicht nur addiert, sondern sozusagen potenziert! So werden in der Natur Potenziale potenziert!

Die Natur hat ein ihr innewohnendes Prinzip, das vorhandene Potenzial effizient zu nutzen und einzusetzen. Über Resonanzen realisiert die Natur das Prinzip der Mühelosigkeit nach dem Motto: »Tue weniger und erreiche mehr.«

Dieses Prinzip kann natürlich nur in Kooperationen realisiert werden. Resonanz tritt im Austausch mit anderen ein. Und heute erkennen Biologen immer mehr, dass Kooperation ein Grundprinzip der Natur ist und nicht dieses Kampf-Prinzip von Charles Darwin: Der Stärkere setze sich gegenüber den Schwächlingen durch.

Jeder kann nur das anziehen, was seiner derzeitigen Schwingung entspricht. Dies gilt jedoch im Negativen wie im Positiven, für einen Kreis von verbrecherischen Mafiosi wie einen Kreis von barmherzigen Nonnen.

Die Gruppe verstärkt sich in ihrer Resonanzschwingung.

Neben den verstärkenden Resonanzschwingungen gibt es auch interferierende Schwingungen, die sich schwächen und sogar ganz auslöschen können. Dies ist sozusagen eine negative Resonanz: hoher Einsatz von Energie und Kraft, das Ergebnis ist aber annähernd Null.

Sind Mann und Frau ein gutes Team und kooperieren miteinander, können sie in dieser Resonanzschwingung Berge versetzen. Auch dies bringt ein Spruch zum Ausdruck: »Hinter einem erfolgreichen Mann steht immer eine große Frau.« (Dies gilt heute immer mehr auch umgekehrt: Hinter einer erfolgreichen Frau steht immer auch ein großer Mann.)

Sehen sie sich jedoch als Konkurrenten und machen sich gegenseitig herunter, kann ihre Beziehung zur Hölle werden, und das Resultat der Ehe oder Beziehung ist erbärmlich und unwürdig. Keiner kann sich entfalten, jeder lebt auf Kosten des anderen. Statt für beide energieaufbauend zu sein, ist die Beziehung parasitär und auf Dauer nicht überlebensfähig.

Das Gesetz der Resonanz hat eine faszinierende Konsequenz für die eigene Selbsterkenntnis: Wenn sich gleichartige Schwingungen anziehen, dann ist meine Außenwelt ein recht genauer Spiegel für meine Innenwelt. In der Analyse meiner Außenwelt erkenne ich meine Innenwelt.

Ich lebe immer genau das, was zu mir passt, habe die Freunde, die zu mir passen, habe letztlich sogar den idealen, zu mir passenden Lebenspartner (und wenn es das Alleinsein ist, das ich gerade jetzt brauche). Ein wichtiger Schritt zur Selbsterkenntnis kann es sein, mein Umfeld unter der Fragestellung zu analysieren: Warum passt das ausgerechnet jetzt zu mir? Was für eine Aussage macht meine Wohngegend, meine Wohnung, mein Lebenspartner, meine Bekannten, meine Arbeit, meine Kleidung, mein Auto usw. über mich?

Oder ich betrachte, wie sich mein Leben entwickelt hat: Wo habe ich früher gewohnt, wo jetzt? Welche Freunde hatte ich früher, welche jetzt? Welchen Lebenspartner hatte ich früher, welchen jetzt? Was sagt das über die Entfaltung meiner Persönlichkeit aus? Kann ich daran etwas erkennen?

Wir werden diese Schritte zur Selbsterkenntnis in den Übungen zum Gesetz der Resonanz wieder aufnehmen.

## Die Rolle des Gesetzes für das Erfolgsbewusstsein

Das Gesetz der Resonanz ist für den Erfolg überaus bedeutsam: Erfolg zieht Erfolg an. Misserfolg zieht Misserfolg an. Kampf zieht Kampf an. Betrug zieht Betrug an. Macht zieht Macht an. Liebe zieht Liebe an. Reichtum zieht Reichtum an. (Sie können diese Reihe beliebig erweitern.)

Im Umgang mit anderen Menschen ist es überaus bedeutsam, ob sich Schwingungen verstärken oder tendenziell auslöschen. Wir sind in einem sich harmonisch ergänzenden Team besser, weil sich Erfolgsschwingungen über Synergie-Effekte im Team noch deutlich verstärken können. Hier zieht das erfolgreich zusammenarbeitende (synergetische) Team jeden Einzelnen hoch, erhöht seine individuelle Frequenz und Energie.

Wir ziehen Menschen an oder stoßen sie ab. Wir umgeben uns mit Menschen, die uns »herunterziehen« (auf niedrigere Energiemuster) oder »aufrichten« mit höheren Frequenzen. Das Resonanzfeld der Gruppe, in der wir leben (Familie, Arbeit, Freizeit) ist überaus bedeutsam für unsere persönliche Entfaltung. Sie ist der »Nährboden« für unsere Weiterentwicklung oder »Käfig«, der uns gefangen hält. Wir leben in einem bestimmten Lebensumfeld, das selbst eine Kraftquelle ist, oder in einem Umfeld, das uns durch Lärm und Schmutz (physischer, emotionaler oder geistiger Art) krank macht.

Alles dies sind uns umgebende Energie- und Schwingungsfelder, die unseren persönlichen Lebenserfolg fördern oder uns ausbremsen, unsere eigene Kraft in Resonanzschwingung und Synergie potenzieren oder uns beschränken und begrenzen.

Wir sollten wissen, von welchen Schwingungsfeldern wir beeinflusst werden und bewusst hohe und positive Resonanzschwingungen herbeiführen.

Egozentrisches Erfolgsdenken als Kampf-Philosophie ist sozusagen ein Paradebeispiel für die Erzeugung negativer Resonanz. Egozentrik bedeutet, sich gegenüber anderen (GeschlechtsgenossInnen, Kollegen, Mitbewerbern, konkurrierenden Unternehmen, Nationen und Staaten) durchzusetzen. Egozentrisches Erfolgsdenken wird von der Maxime der Konkurrenz geleitet und nicht der der Kooperation. Das ist als negative Resonanz überaus energieraubend, ineffektiv und zerstörerisch.

Zu welch unglaublicher Energieverschwendung hat dieses Denken in den letzten Jahrhunderten geführt! Welche gesellschaftliche Potenziale werden in den Aufbau von Armeen vergeudet. Wie viele Potenziale sind durch Kriege vernichtet worden! Hier zeigt sich die zerstörerische und ausbeuterische Konsequenz egozentrischen (häufig männlichen) Denkens unverhüllt, unmaskiert, abgeschminkt!

Spirituelles Erfolgsbewusstsein dagegen sucht Kooperation, Synergie, Potenzierung der Potenziale, Effektivität und Effizienz, Mühelosigkeit, Sparsamkeit, Achtsamkeit mit den Ressourcen, Akzeptanz, Verantwortungsbewusstsein, Widerstandslosigkeit und Gewaltfreiheit.

Perspektive ist nicht das EGO, sondern das Wohlergehen des höheren Ganzen, der Menschheit, des Planeten Erde. Dieses Erfolgsbewusstsein sucht zur Herstellung synergetischer Resonanzschwingungen Gleichgesinnte, um gemeinsam Wunder zu vollbringen (anders ist die Erde auch kaum noch zu retten!). Um uns nicht weiter als Krebsgeschwür gegenüber der Erde, der Natur, dem Leben zu verhalten, müssen wir unser egozentrisches Erfolgsdenken in spirituelles Erfolgsbewusstsein transformieren!

### Resonanz auf emotionaler Ebene

Zunächst die gute Nachricht: Wir haben einen inneren Gradmesser dafür, ob wir mit unserem eigenen Potenzial in Resonanz stehen. Spaß, Freude, Lust und Wohlgefühl sind unsere Gefühle der Resonanz. Was wir mit Spaß und Freude machen, was uns Lust bereitet, steht in Resonanz mit unserem wahren Wesen. Wir fühlen uns wohl und leben im wohlverstandenen Wohl-stand! Wenn wir dagegen Mühe aufbringen, uns anstrengen, ineffektiv sind, »arbeiten im Schweiße des Angesichts«, machen wir wahrscheinlich etwas falsch!

Die »schlechte« Nachricht: Eines der fatalsten Auswirkungen des Gesetzes ist die Folgerung, dass wir genau das ins Leben ziehen, was wir (be)fürchten. Furcht und Angst sind sehr starke Schwingungen, sehr starke Energien mit (bildlich gesprochen) magnetischer Kraft.

Sogar die Schul-Psychologie kennt dieses Gesetz als »self-fulfilling profecy«, die sich selbst erfüllende Prophezeiung. Beispiel: Von einer Gruppe völlig durchschnittlicher Schüler wird einem neuen Lehrer gesagt, sie sei eine überaus intelligente Gruppe. Der Lehrer behandelt die Gruppe so, dass sie bald wirklich überaus hohe Leistungen erbringt. (Dieses Beispiel ist in der Psychologie der »self-fulfilling profecy« klassisch.)

Aber dieses Gesetz wirkt im Alltag viel häufiger negativ: Man eröffnet einem abergläubischen Menschen, die Karten,

Sterne, der Kaffeesatz sagten ihm einen Autounfall voraus, so ist es nur noch eine Frage der Zeit, bis dieses Ereignis auch eintritt. Die Karten, Sterne, der Kaffeesatz haben damit wenig zu tun. Das Unterbewusstsein erwartet das Ereignis und zieht es magisch an!

Wir sollten mit unseren Ängsten und Befürchtungen sehr sorgsam umgehen – und auch mit Menschen, die meinen, uns negativ »programmieren« zu müssen.

### Resonanz auf mentaler Ebene

Unsere Gedanken bestimmen in weitaus höheren Maße unser Leben als die meisten es sich vorzustellen vermögen, meistens im eher negativen Sinne.

Wir sind, was wir fühlen und denken. Wir ziehen das in unser Leben, was wir befürchten, wir ziehen aber auch das in unser Leben, was wir aufgrund unserer Gedanken erwarten. Wer eine negative Einstellung zur Welt hat, wird ständig von seinem negativen Denken bestätigt. Tatsächlich, es erscheint alles negativ! Wer eine positive Einstellung zur Welt hat, der wird allerdings genauso ständig bestätigt. Tatsächlich, es erscheint alles positiv!

Für die Selbsterkenntnis ist es überaus bedeutsam, die »mentale Resonanz« kritisch unter die Lupe zu nehmen: Mit welchem Denken stehen Sie in Resonanz? Wessen »Geistes Kind« sind Sie? Welche Ideen, Philosophien, Gedankengebäude faszinieren Sie? Was für eine Art Bücher »macht Sie an«? Was lesen Sie? Welche Sendungen im Fernsehen sprechen Sie an? Was sagt das über Ihr Denken aus?

Unsere eigene Art zu denken beruht immer auf einem »geistigen Erbe«. In welcher Tradition sehen Sie sich?

Was denken die Menschen, mit denen Sie meistens zusammen sind? Sind sie eher positiv eingestellt oder negativ? Kritisieren sie mehr oder ermutigen sie? Wie war es mit Ihren Eltern? Können Sie eine Aussage über deren geistige Welt machen? Ist das auch noch die Ihre?

### Resonanz auf spiritueller Ebene

Jeder hat ein religiöses Glaubenssystem. So wenig eine Pflanze ohne Wurzeln existieren kann, so wenig kann der Mensch ohne »Religio« existieren, die »Zurückbindung« an das metaphysische SEIN, der Wirklichkeit hinter dem Schein (das bedeutet »Meta-Physik«).

Viele Menschen sind verwurzelt in traditionellen, mehr dogmatischen Religionen oder Sekten, andere sind heftig gläubige Atheisten (Atheismus bedarf auch eines starken Glaubens!), wieder andere sehen in der persönlichen Gotteserfahrung, dem Pfad der Erleuchtung ihre ganz private religiöse Verwurzelung.

Unser religiöses Glaubenssystem, dem wir uns zugehörig fühlen, die religiöse Gruppe, mit der wir uns verbunden fühlen – unsere spirituelle Resonanz –, spricht Bände über unsere persönliche Selbstverwirklichung: Haben wir ein eher mythisches Weltbild, ein mehr rational-wissenschaftliches oder ein spirituelles? Ein Großteil der heutigen Esoterik ist wenig spirituell, sondern gleicht viel eher dem traditionellen mythischen Denken! Bei den Unterscheidungen, die wir schon getroffen haben (Gefühl – Intuition, Gefühl – Seele) ist die Unterscheidung zwischen Esoterik und Spiritualität ähnlich und von ebenso großer Bedeutung. Wir kommen darauf zurück!

Was ist Göttlichkeit? Ist das Göttliche etwas Strafendes oder etwas Liebendes oder etwas einfach Abwesendes? Macht unsere religiöse Gruppe uns abhängig oder fördert sie unsere Selbstständigkeit? Oder ist Religion für Sie reine »Privatangelegenheit«, für die Sie keine Gemeinschaft brauchen?

## Übungen zum Gesetz der Resonanz

Während die Übungen zum Gesetz der Schwingungen mehr dem Intuitionstraining gewidmet waren (Intuition ist Schwingung), regen wir jetzt auch den analytischen Verstand zum Training an. Gewinnen Sie Selbsterkenntnis durch Analyse Ihres Lebensumfeldes als Ihrem »Resonanzkörper«!

### Wo fühlen Sie sich wohl?

Eine wundervolle Übung, die Ihnen rasch Ihr Resonanzsystem offenlegt, ist die Wohlfühl-Übung. Wo stehen Sie in Resonanz mit Ihrem Wesen und fühlen sich richtig wohl und zufrieden, wo fühlen Sie sich ständig unwohl, schlecht gelaunt, gestresst …?

Machen Sie sich eine kleine Wohlfühl-Liste (Felder ankreuzen) nach folgendem Muster:

|  | +<br>+ | + | 0 | – | – – |
|---|---|---|---|---|---|
| Körper |  |  |  |  |  |
| Gesundheit |  |  |  |  |  |
| Beruf / Arbeit |  |  |  |  |  |
| Finanzen |  |  |  |  |  |
| Familie |  |  |  |  |  |
| Freundeskreis |  |  |  |  |  |
| Selbstverwirklichung |  |  |  |  |  |

| | |
|---|---|
| +<br>+ | sehr zufrieden |
| + | zufrieden |
| 0 | kein Gefühl |
| – | unzufrieden |
| – – | sehr unzufrieden |

Diese Tabelle gibt Ihnen einen ersten Hinweis darauf, in welchem Lebensbereich Sie schon in Resonanz stehen und wo Veränderung angesagt ist.

Gehen Sie mit dieser Tabelle kreativ um! Ergänzen Sie die Tabelle um weitere Lebensbereiche. Machen Sie z. B. eine Tabelle von allen Menschen, mit denen Sie einen gewissen Umgang pflegen: Welche Beziehung tut Ihnen gut, welche nicht?

Später können Sie die »Bewertung« auch noch verfeinern, nicht nur fünf Maßstäbe ansetzen, sondern sieben oder mehr. Lassen Sie Ihr inneres Gefühl der Resonanz sprechen und achten Sie auf Ihre Gefühle!

**Die Umwelt als Spiegel**

Im zweiten Schritt betrachten Sie Ihre Umwelt als Spiegel für Ihr Inneres. Am besten beantworten Sie die folgenden Fragen schriftlich:

- Was für ein Unglück ziehen Sie in Ihr Leben? Welche Ereignisse wiederholen sich ständig, dass es uns zu denken geben sollte?
- Welche Ängste könnten dieses Unglück in Ihr Leben ziehen?
- Umgekehrt: Wo ereignen sich schon Wunder?
- Was für einen Typ Frau, was für einen Typ Mann ziehen Sie immer wieder an? Was könnte das über Ihre innere Bedürftigkeit aussagen? Ziehen Sie Typ strafender Papa oder Typ nachgiebiger Anti-Papa an, Typ Heilige oder Typ Hure?
- Was sagt Ihre Wohnung über Sie aus? Funktional? Ästhetisch? Chaotisch? Aufgeräumt? Intim?
- Welche Freunde haben Sie? Loser? Erfolgreiche? Was für einen Erfolg repräsentieren Sie?
- Haben Sie mehr mit Paaren zu tun, die zusammenhalten? Oder sind Ihre Bekannten eher Single? Beschimpfen Sie ständig das andere Geschlecht (Männer sind Schweine, Frauen sind Ziegen – oder so ähnlich)?
- Sehen Sie viel fern? Was für eine Art Sendung? Was sagt das über Sie aus?
- Welche Zeitungen oder Bücher lesen Sie? Was sagt das über Sie aus?
- Was sagt die Art, wie Sie Geld verdienen, über Sie aus? Macht Ihr Job Ihnen Spaß? Lieben Sie Ihre Arbeit? Fühlen Sie sich dabei selbstverwirklicht?

- Wie organisieren Sie grundsätzlich Ihre Freizeit?
- Was bedeutet für Sie Religion? Wie definieren Sie den Sinn Ihres Lebens?

**Resonanzfelder ändern**
Versuchen Sie im dritten Schritt einmal, sich einem bestimmenden Resonanzfeld zu entziehen und es zu ändern. Oft sind wir innerlich weiter und die äußeren Energiefelder halten unsere weitere Entwicklung zurück, sind stärker und gleichen uns ihnen an.

- Wie wäre es, wenn Sie Ihre Wohnung wieder einmal verändern? Das Bett umstellen? Neue Farben an die Wand? Mehr Blumen im Fenster?
- Entziehen Sie sich vielleicht einmal für 14 Tage dem Einfluss des Fernsehens (vielleicht radikal oder sehen Sie sich nur die Nachrichten an).
- Fühlen Sie sich in Ihrem Erscheinungsbild noch wohl? Wie wäre es mit einer neuen Frisur, einer neuen Kleidung? Passt das alles noch zu Ihnen?
- Trennen Sie sich von Menschen, die einfach nicht mehr zu Ihrem Leben passen! Lassen Sie sich nicht mehr von anderen nerven!
- Wenn Sie in Ihrem Beruf keine Erfüllung finden, beginnen Sie in Ihrer Freizeit Ihre Berufung zu entdecken.

Oder hören Sie einmal ganz andere Musik!

## Musik

Die einfachste Art und Weise, das eigene Schwingungsmuster zu erhöhen, ist die Beeinflussung durch Musik, die Auswahl »wertvolle Musik«. Wir leben unbewusst in einem ständigen Klangmeer, sei es der uns umgebene Geräuschpegel, Radiomusik im Hintergrund.

Es ist bewiesen, dass Kinder, die im Sinne der klassischen Musikausbildung selbst Musik machen, in jeder Hinsicht besser entwickelt sind, emotional, intellektuell wie sozial. Heilsame, harmonische Musik kann heilen.

• Was ist Ihre Lieblingsmusik? Was hören Sie besonders gerne?
• Wie würden Sie die Musik charakterisieren? Harmonisch – disharmonisch? Rhythmisch? Melodisch? Schnell? Langsam? Heilsam?
• Welches Bild verbinden Sie mit Ihrer Lieblinsmusik? Einen Wasserfall? Das Rauschen des Meeres? Kriegsgetümmel? Marschierende Soldaten? Blumen im Wind?

Öffnen Sie sich für Meditationsmusik! Hören Sie diese entspannende Musik bei Routinearbeiten, beim Autofahren, bei geistiger Tätigkeit. Gestalten Sie so ganz bewusst Ihren Klangraum um sich! Meditationsmusik ist mehr als nur Entspannungsmusik. Sie ist oft der erste Schritt auf dem Weg zu einem meditativen Lebensstil. Musik ist der Schlüssel, der uns dieses Tor zur Intuition öffnet!

Das kann auch klassische Musik sein (vor allem Vivaldi, Bach, Mozart), die eine sehr meditative und harmonische Musik komponiert haben.

Sie strahlt Ruhe aus, Göttlichkeit, Kraft, Lebensfreude, Zuversicht. Gute Meditationsmusik bringt Sie in Resonanz mit der Schöpfung und den Rhythmen der Natur. Musik ist der Schlüssel zu dem Schwingungsmuster des Kosmos.

Bevor Sie selbst aktive Entspannungs- und Meditationsübungen machen, sollten Sie durch heilsame Musik Ihren Körper als Resonanzkörper für kosmische Energieschwingungen erwecken. Das ist der Königsweg: ganz einfach und überaus wirksam.

# 3. Das Gesetz der Polarität

## Das Gesetz

Das Gesetz besagt: Alles, was in Erscheinung tritt, hat zwei Pole. Es gibt nichts, was nicht auch einen Gegenpol hat. Ein Pol kann ohne seinen Gegenpol nicht existieren. Doch alle diese Gegensätze sind Ihrem Wesen nach und auf einer tieferen Ebene identisch. Polarität verursacht Spannung und Spannung erzeugt Bewegung. Die Bewegung im Kosmos ist eine spannende Bewegung zwischen Polen.

Wir müssen zwischen objektiver Polarität, subjektiver Empfindung von Unterschieden und dem Denken in Widersprüchen (»dialektisches Denken«) unterscheiden. Machen wir es deutlich:

Nehmen wir »hell« und »dunkel«! Je dunkler die Nacht, desto heller scheinen die Sterne zu »erstrahlen«. Tagsüber ist es so hell, dass außer der Sonne die Sterne nicht mehr wahrgenommen werden können.

Doch die Sterne ändern ihre Strahlkraft nicht! Sterne treten für unser Auge am helllichten Tag anders in Erscheinung als im Dunkel der Nacht. Weder erstrahlen die Sterne erst nachts und die Sonne erlischt, noch erlöschen die Sterne tagsüber und die Sonne erleuchtet. Die Schwingungen von Sonne und Sternen ändert sich nicht. Es ist alles nur die Wahrnehmung des Beobachters, ob es dunkel oder hell ist. Es ist ausschließlich eine Frage des jeweiligen Standpunktes des Beobachters.

Nehmen wir »heiß« und »kalt«! Hitze kann ohne Kälte

nicht existieren, »heiß« ist nur eine Empfindung im Verhältnis zu »kalt«. Anders als im ersten Beispiel haben wir hier ja durchaus unterschiedliche Temperaturgrade. Es ist ganz klar an den Polen relativ kühler als am Äquator.

Doch was »heiß« und »kalt« ist, würde ein Afrikaner anders empfinden als ein Eskimo. Was würde ein Eisbär als »heiß« und was als »kalt« empfinden, was ein Wüstenfuchs? Es ist nicht definierbar, wie viel Grad »heiß« und wie viel Grad »kalt« ist. Doch alles das ist Temperatur, einfach nur Temperatur, eine spezielle Schwingung sozusagen. Die einen empfinden die Schwingung so, die anderen so. Hier besteht in der Temperatur ein gradueller Unterschied, doch unsere Empfindungen machen einen qualitativen Unterschied: Das ist »heiß« und das ist »kalt«.

Nehmen wir »männlich« und »weiblich«! Sie werden kritisch einwenden: Der »kleine Unterschied« ist doch wohl mehr als nur eine Wahrnehmung! Gewiss, niemand hat gesagt, dass Polaritäten lediglich eine Wahrnehmung sind. Hier existiert eine objektive, biologische Polarität.

Männlichkeit und Weiblichkeit ist ein in der Evolution entstandener biologischer Pol, Ausdruck sexueller Fortpflanzung. Es gibt in der Natur keine Männlichkeit ohne Weiblichkeit, keine Weiblichkeit ohne Männlichkeit.

Und doch ist beides Eins im Sinne der Arterhaltung! Fortpflanzung ist nur innerhalb der Art möglich (kennzeichnet die Art!). So sehr sich durch gemeinsames Aufwachsen in einer menschlichen Familie auch eine männliche Katze (lies: Kater) und ein weiblicher Hund (lies: Hündin) lieben mögen, da kann bei aller biologischen Weiblichkeit und Männlichkeit nichts draus werden! Die Art muss das Identische sein, damit Männlichkeit und Weiblichkeit einen Sinn für die Fortpflanzung macht.

Doch gerade beim Menschen ist diese geschlechtliche Polarität mehr als ein starrer, biologischer Unterschied. Es ist auch ein kultureller. Und jetzt wird es schon differenzierter! Jetzt kann das eine ins andere übergehen! Wir alle kennen weibische Männer und männliche Weiber, herrliche Damen und dämliche Herren.

Doch um diese Geschlechter-Polarität jetzt nicht zu veralbern: Jede Frau trägt auch Männlichkeit in sich, jeder Mann Weiblichkeit. Auch wenn es biologisch-hormonelle Dispositionen gibt, ist es mit der kulturellen Entwicklung des Menschen immer eine Frage, was dominiert. Uns bestimmen nicht nur Hormone. Die andersgeschlechtliche kulturelle Identität kann so ausgeprägt sein, dass Menschen eine transsexuelle Umwandlung operativer Art bevorzugen.

Selbst im Bereich der scheinbar unversöhnlichen Polarität »Männlichkeit und Weiblichkeit« ist beides eins (im Sinne der biologischen Art und speziell im Sinne des Menschseins). Und es kann durchaus zu einem »Polsprung« kommen, sodass die Polaritäten wechseln.

### Die Rolle des Gesetzes für das Erfolgsbewusstsein

Das Gesetz der Polarität hütet uns davor, Erfolg einseitig zu denken. Wo es Erfolg gibt, gibt es immer auch Misserfolg. Wenn man glaubt, das Leben könnte aus einer Aneinanderreihung von ausschließlichen Erfolgen bestehen, dann grenzt das schon an Täuschung oder Selbstbetrug. Fehler, Misserfolge, Krisen sind die Puzzlestücke, aus denen der Erfolg als ganzheitliches Bild am Ende aufgebaut ist. Im Gesamtbild sind dann scheinbare Misserfolge Schritte auf dem Weg zum Erfolg.

So kann Misserfolg mit der Zeit in Erfolg umgewandelt werden. So macht das Gesetz der Polarität aus jeder Krise eine Chance zum Besseren.

Thomas Alva Edison hat mehr als 1000 Fehlversuche gebraucht, um die Glühbirne erfinden zu können, um die Welt sozusagen zur Erleuchtung zu bringen. Er hat diese scheinbaren »Misserfolge« übrigens nie als solche gesehen, sondern seinen Mitarbeitern bei jedem gescheiterten Versuch mit den Worten Mut zugesprochen: »Wir haben schon wieder erfolgreich herausgefunden, wie es nicht funktionieren kann!«

(Was für eine vorbildliche Einstellung dieses grandiosen Erfinders: scheinbarer Misserfolg ist immer ein Schritt zum Erfolg!)

Doch Erfolge können sich nach dem Gesetz der Polarität auch langfristig als Misserfolge erweisen: Wenn der Erfolg durch die Aufbringung aller Kräfte die Gesundheit ruiniert und einem das Leben kostet (z. B. Herzinfarkt), dann kann man nicht von einem Lebenserfolg sprechen! Dann ist dieser beruflich mit dem Leben bezahlte Erfolg nur ein Scheinerfolg!

Egozentrisches Erfolgsdenken agiert innerhalb dieser Polaritäten, verschärft Spannungen und Widersprüche. Das EGO ist immer ein Teil des Pols, in der Polarität verstrickt, kann Polaritäten nicht aufheben und transformieren. Sein Schwarz-Weiß-Credo: Ich habe recht, du hast unrecht. Das ist richtig, das ist falsch. Ich bin gut, du bist schlecht. Ich bin der Erfolgreiche, du der Loser, ich der Gewinner, du der Verlierer. Wer nicht mein Freund ist, ist mein Feind.

Das gilt auch für einen Haufen von Egos: Wir sind die Guten, Ihr seid die Bösen. Wir sind die von Gott Auserwählten, ihr seid die von Gott verachteten Heiden. Wir kommen in den Himmel, ihr kommt in die Hölle.

Spirituelles Erfolgsbewusstsein nutzt Polaritäten, um Dinge in Bewegung zu setzen, Blockiertes wieder zum Fließen zu bringen, berücksichtigt beide Seiten, um das Ganze voranzubringen, sieht und verehrt das Göttliche in allem.

### Polarität auf emotionaler Ebene

Auch auf unserer Gefühlsebene erleben wir starke Gefühle nur dadurch, dass wir auch die Polarität erleben können. Wer sich nicht in tiefe Trauer fallen lassen kann, der kann auch nicht mit hohen Glücksgefühlen in die Luft springen. Wem die Tränen der Trauer nicht fließen, dem bleiben auch bei Freude die Augen trocken.

Leidenschaft kann auch Leiden schaffen. Wer Leiden, Schmerz, Kummer, Sorgen ganz aus seinem Leben verbannen will, der wird sein Leben auch leidenschaftslos führen müssen. Ein leidenschaftsloses, gefühlserkaltetes, herzerstarrtes Leben ist unfähig, Glück zu empfinden. So wird das Leben zum rein maschinellen, funktionalen Vorgang.

Aber auch Neid, Ärger, Wut, selbst Kummer und Trauer sind Gefühle, die einen Teil unserer Authentizität ausmachen. Wenn wir neben Liebe und Glück auch Leiden empfinden, Trauer ausdrücken können, dann sind wir echt, dann sind wir im Energiefluss, dann sind unsere Schwingungen kraftvoll und mitreißend.

Unsere emotionale Polarität erzeugt Spannung, die unsere innere Batterie immer wieder auflädt. Fließen unsere

Gefühle zwischen den Polen der Emotionen, dann sind wir im Fluss des Lebens, dann können wir aus der Kraftquelle unseres Unterbewusstseins grenzenlos schöpfen, dann leben wir kraftvoll.

### Polarität auf mentaler Ebene

Unser Verstand ist hier ganz in seinem Element. Nichts macht er lieber als Widersprüche zu entdecken. Er definiert sich regelrecht dadurch, dass er Polaritäten erkennt. Das ist letztlich sein Job! Er unterscheidet zwischen richtig und falsch, wissenschaftlich und unwissenschaftlich, gut und böse, IST und SOLL, JETZT und NICHT-JETZT (Vergangenheit oder Gegenwart), wirklich oder illusionär… und was er an Unterscheidungsmöglichkeiten noch aufdeckt.

Gerade in diesem Teilen in Polen, Dualitäten, Dichotomien, Widersprüchen (Dialektik) legt der Verstand seine Basis für Ur-teile. Verstand beurteilt und dafür muss er zuerst das EINE differenzieren und in Pole teilen.

Typisch für den Verstand ist auch sein Zweifel. Ein Fall ist für ihn undenkbar, es gibt immer mindestens zwei Fälle und damit den Zwei-fel. Wo ein Weg ist, entdeckt der Verstand immer auch einen Scheideweg. Der zweifelnde Verstand führt oft zur Verzweiflung, weil er sich zwischen den Alternativen nicht entscheiden kann! In Wahrheit kann Verstand sich nie entscheiden. Er ist ein Gefangener der Polarität und Dualität. Entscheidungen treffen für ihn Gefühle (z. B. aus Angst) oder die Intuition (aus der inneren Gewissheit). Sein Job ist dann die Rationalisierung.

### Polarität auf spiritueller Ebene

Auf spiritueller Ebene, in unserem Überbewusstsein wird diese Polarität aufgehoben. Wir verlassen die Welt der Dualität und tauchen in die Welt des Einsseins ein. Es ist dies kein zurück ins »Paradies«, sondern ein vorwärts gen Himmel. Im Zustand der Erleuchtung gibt es keine Zeit, keinen Raum, keine Bewegung. Alles IST und das EINS in LIEBE. Es gibt nur noch Vereinigung als Liebe.

## Übungen zum Gesetz der Polarität

Wollen wir die beiden Übungen zu diesem Gesetz ganz unter die Polarität stellen. Die erste Übung ist eine körperliche Übung mit extremer Wahrnehmung von Polarität. Die zweite Übung ist etwas für den dem Körper entgegengesetzten Pol, dem (spirituellen) GEIST. Wir trainieren die Polaritäten transformierende Erleuchtung (noch keine Gipfel-, doch schon eine Zipfelerfahrung)!

### Muskelübungen: anspannen – entspannen

Um Polarität körperlich und fast schon schmerzlich zu erfahren, eignet sich die »progressive Muskelentspannung«. Dabei werden die einzelnen Muskelgruppen zunächst stark angespannt, um sie dann wieder völlig zu entspannen. Am Ende des Trainings (10 bis 20 Minuten) fühlen Sie sich körperlich völlig entspannt und geistig ruhig.

Legen Sie sich auf den Rücken (Decke als Unterlage) in einem ruhigen Raum, in dem Sie nicht gestört werden. Spannen Sie die einzelnen Muskelgruppen wie unten be-

schreiben jeweils etwa fünf Sekunden, lassen Sie dann für
fünf Sekunden los und spannen Sie die Muskeln dann noch-
mals für fünf Sekunden an und entspannen Sie diese dann
vollkommen. Gehen Sie in dieser Reihenfolge mit Anspannung und Entspannung der Muskelgruppen vor:

- die rechte Faust ballen
- den rechten Oberarmmuskel anspannen
- rechten Unterarmmuskel anspannen
- die linke Faust ballen
- den linken Oberarmmuskel anspannen
- den linken Unterarmmuskel anspannen
- Stirn in Falten legen (Augen weit öffnen)
- Augenbrauen zusammenziehen
- Augen fest zusammenkneifen
- Lippen aufeinanderpressen
- Zähne zusammenbeißen (Vorsicht Gebißträger!)
- Lachmuskeln zur Fratze zusammenkneifen
- Nackenmuskeln hochziehen
- Schulterblätter nach hinten zusammenziehen
- Brustkorb durch tiefes Einatmen anspannen
- Hohlkreuz durchdrücken
- Bauch herausdrücken
- Oberschenkel und Unterschenkel an den Körper ziehen
- Zehen einrollen

Bleiben Sie in diesem entspannten Zustand so lange liegen, wie es für Sie angenehm ist. Stellen Sie sich vor, wie
Sie Ruhe, Gelassenheit, Zufriedenheit und Einssein mit sich
selbst ausstrahlen.

## Aus der Zeit in die Zeitlosigkeit

Unser Verstand ist es, der uns das Leben im linearen Zeitstrom vortäuscht.

In Wahrheit leben wir immer nur im JETZT. Selbst wenn wir uns Gedanken über die Zukunft machen, machen wir sie uns JETZT. Wenn wir noch an der Vergangenheit hängen, dann hängen wir JETZT in der Vergangenheit.

Der ununterbrochene Gedankenfluss verschließt uns für den Empfang von Intuition. Es ist so, als ob das Telefon besetzt sei. Man kann Sie nicht erreichen, weil durch den pausenlosen Redefluss Ihrer inneren Gedanken »die Leitung besetzt« ist.

Erleuchtung ist (auch), in völliger Gedankenstille im HIER UND JETZT zu SEIN. Es ist der Zustand, in dem die Leitung für Intuition, einen inspirativen Einfall frei ist.

Die nun folgende Übung ist uralt, vielleicht 5000 Jahre. Sie ist mit dem Verstand nicht zu bewältigen, erst wenn Sie sich aus dem Verstand lösen, wird sie zum Kinderspiel.

Schließen Sie Ihre Augen und stellen Sie sich eine Rose vor. Halten Sie dieses Bild vor Ihrem inneren Auge. Es kommt nicht auf Farbenpracht oder Detailtreue an, sondern nur darauf, Ihre Aufmerksamkeit auf eine vorgestellte Rose zu richten.

Dann achten Sie auf Ihren Atem. Beeinflussen Sie ihn nicht, sondern lassen Sie ihn nur achtsam geschehen. Sie achten auf das Bild der Rose und Ihren Atem. Dann zählen Sie bei jedem Atemzug weiter, von 1 bis 20. Sobald Ihnen das Bild der Rose entschwindet, beginnen Sie wieder von vorn!!

Zunächst wird der Verstand sich anstrengen, um diese

Übung zu bewältigen, fragen, warum es jetzt nicht funktioniert, sich Tricks überlegen, wie die Übung zu schaffen sei. Er hat keine Chance. Irgendwann wird er kapitulieren und ist ruhig geworden.

Dann wird die Übung zu einem Kinderspiels und Sie erfahren den beglückenden Zustand der Gedankenstille. Sie erhaschen einen Zipfel von Erleuchtung.

# 4. Das Gesetz des Rhythmus

## Das Gesetz

Das Gesetz besagt: Alles WERDEN, sich Bewegende, hat seinen individuellen, zyklischen Rhythmus, steigt und fällt (wie die Gezeiten), schwingt von einem Pol zum anderen (wie ein Pendel). Jedes Extrem wird durch einen Gegenschwung zum Ausgleich gebracht. Der Rhythmus des Lebens sorgt für eine ständige Wiederkehr, sich ständig aneinanderreihende Zyklen. Das Leben, der Kosmos: Alles ist ein spielerischer TANZ im Reigen!

So unterschiedlich wir Menschen in unseren kulturellen Ausprägungen auch sind (und wenn die Coca-Cola-Kultur auch alles wieder nivelliert): Es gibt kein Volk auf dieser Erde ohne Musik und Tanz! So äußert sich dieses universelle Gesetz in unserem Leben. In Musik und Tanz schwingen wir uns ein in den Rhythmus des Kosmos.

Auf den Tag folgt die Nacht, auf Ebbe folgt Flut, auf Einatmen folgt Ausatmen, auf ein AUF folgt ein AB, auf ein HIN folgt ein HER, auf ein VORWÄRTS folgt ein RÜCKWÄRTS, auf Aktivität folgt Passivität, auf Chaos folgt Ordnung, auf Anspannung folgt Entspannung, auf Hochstimmung folgt Tiefstimmung, auf Arbeit folgt Freizeit, auf Misserfolg folgt Erfolg, auf Lust folgt Unlust, auf Geburt folgt Tod, auf die Evolution folgt die Involution – und alles das auch umgekehrt! (Richtig! Dieses Gesetz legt auch die Reinkarnation nahe: Auf den Tod folgt die Wiedergeburt!)

Kulturen entstehen und vergehen, Firmen expandieren

und kollabieren, Partner konkurrieren und kooperieren, Gewinne werden gemacht und gehen wieder verloren, Liebespaare vereinigen sich und trennen sich wieder.

Kurz: Der Kosmos tanzt beschwingt zwischen seinen Polen im zyklischen Rhythmus.

## Die Rolle des Gesetzes für das Erfolgsbewusstsein

Gerade das egozentrische Erfolgsdenken hat ein sehr gestörtes Verhältnis zu den Rhythmen des Lebens (da Männer mit zyklischen Rhythmen nicht unmittelbar vertraut sind). Mann schwingt sich nicht in die Rhythmen der Zeit ein, sondern glaubt, die Zeit kommandieren und ausbeuten zu können (wir deuteten dies schon als Stresserscheinung der heutigen Zeit an).

Egozentrisches Erfolgsstreben führt immer zu Stress, Disharmonien, (Herz-) Rhythmusstörungen. Männer können sich nur schwer in Geduld üben und wollen Resultate erzwingen. Frau dagegen weiß, dass eine Schwangerschaft neun Monate dauert und es wenig Sinn macht, das Resultat (im übertragenen Sinne) frühzeitig auszutreiben. Männer sind aber so! Sie können nichts ausreifen lassen, sondern müssen aus- und antreiben.

Viele männliche Menschen glauben, um Erfolg zu haben, müsse man kämpfen. Der Erfolgsmann sei ein Kämpfertyp, ein Sieger – unter seinen Füßen eine Armee von Besiegten. Einen Sieg zu erringen heiße, andere niederzuringen. Das Leben wird wie ein Kampf geführt, doch Kampf vernichtet Ressourcen. Männer kämpfen gegen alles und jedes und sind sich am Ende selbst der Feind.

Erfolg durch spirituelles Erfolgsbewusstsein ist viel wir-

kungsvoller, erzeugt Resultate mit viel geringerem Ener-
gieaufwand, da das eigene Handeln in Resonanz mit den
Rhythmen der Zeit steht. Jeder, der sein Gebiet meisterhaft
beherrscht, glänzt durch seine Mühelosigkeit: je meisterhafter, desto müheloser.

Und diese Resonanz im Rhythmus erzeugt Wunder.
Wahrer Erfolg ist immer ein Wunderwerk, die Erfahrung
des Wunderbaren, das Einschwingen in den Rhythmus der
Schöpfung. Hierbei sind Reifenlassen, Loslassen, Geduld
angesagt. Wunder kann man nicht erzwingen, sondern nur
geschehen lassen. Leben mit dieser Einstellung ist ein Spiel,
bei dem alle gewinnen – auf wunderbare Weise.

**Rhythmus auf emotionaler Ebene**

Wo wir das Leben pulsieren und vibrieren spüren, sind wir
im Rhythmus. Das gilt besonders für die Sexualität. Sexualität ist mehr noch als Tanz unsere ehrlichste Form, mit unserem eigenen Rhythmus und dem Rhythmus des Partners
in Berührung zu kommen und uns ihm zu ergeben. Hierbei
kommt es ja nicht nur auf den eigenen »inneren Pulsschlag«
an, sondern auch auf die Rhythmusangleichung mit dem
Pulsschlag des anderen, die Synchronisierung der Atmun-
gen zu einem Atem, den hemmungslosen Fluss und Aus-
fluss der pulsierenden Erregung, des leidenschaftlichen Lebens und der innigen Liebe.

Diesen orgastischen Rhythmus zu zweit erreichen wir
nur durch Hingabe. Synchroner Rhythmus stellt sich ein,
wenn wir den Verstand verlieren, uns dem Verlangen des
Körpers und dem Fließen der Gefühle gedankenlos hinge-
ben können. Leben ist Rhythmus.

**Rhythmus auf mentaler Ebene**

Unsere körperliche und geistige Leistungsfähigkeit gehorcht Rhythmen. Wir können nicht ununterbrochen »Stoff geben«. Wir haben (unterschiedliche) Tageszeiten mit Hochs und Tiefs. In Hoch-Zeiten ist es besser, geistig kreative Tätigkeiten zu vollbringen, in Tiefzeiten können wir uns Routinetätigkeiten widmen.

Wie der Körper Spannung und Entspannung braucht, so braucht der Verstand Zeiten der Anforderung und Zeiten des »Baumelnlassens«. Können Sie diesen Bedürfnissen des Körpers nachgeben oder werden Ihnen von außen andere Rhythmen aufgezwungen? Welchen Einflussbereich haben Sie? Was können Sie ändern?

Kennen Sie Ihren eigenen Rhythmus? Den Rhythmus Ihres Lebens? Stehen Sie mit ihm in Harmonie? Oder hetzen Sie eher in Disharmonie durch Ihr Leben? Zwingen Sie Krankheiten häufiger, Pause zu machen, zur Ruhe zu kommen, Ihr Leben zu überdenken? Sind Sie im Einklang mit Ihrem jährlichen, monatlichen, täglichen Rhythmus? Haben Sie ein Rhythmusgefühl für sich selbst?

**Rhythmus auf spiritueller Ebene**

Ein erleuchteter Zustand ist für uns Erdlinge (Erdenbürger ist vielleicht etwas vornehmer ausgedrückt) kein Dauerzustand, sondern immer nur vorübergehend und wechselt mit einem weniger glückseligen Alltagsleben ab. Aus der Zeitlosigkeit der Erleuchtung fallen wir wieder in die Zeit des Alltags. Das ist kein spiritueller Misserfolg, sondern ein Rhythmus des Lebens in der Schwerkraft der Materie zwischen den verschiedenen Ebenen des Seins. Das soll so sein!

## Übungen zum Gesetz des Rhythmus

Die Übungen zum Gesetz des Rhythmus sprechen Ihre Gefühle und Ihren Körper an. Erwecken Sie Ihren Rhythmus, Ihren inneren Puls, wenn er bis zur Unspürbarkeit abgedämpft ist!

Gerade aus der Kraft der Intuition schöpfen zu können, bedeutet Hingabe, Einfühlungsvermögen, Offenheit, Spontaneität, Empfang von Schwingungen. Empfang fällt Männern schwerer, weil sie von männlicher Eindringlichkeit umstellen müssen auf weibliche Empfänglichkeit. In den Rhythmus des Lebens zu kommen, ist ein erregendes Vorspiel für den Empfang von Intuition.

### Rhythmen des Lebens

• Klatschen Sie rhythmisch in die Hände (oder auf eine Tischplatte)! Erleben Sie Ihre Hände als Rhythmus-Instrument (wie es Flamenco-Tänzerinnen so faszinierend können). Spielen Sie mit den Möglichkeiten, durch Klatschen Rhythmus auszudrücken: Schlagzahl, Betonung, Lautstärke, Rhythmuswechsel.

• Drücken Sie elementare Gefühle durch das Klatschen Ihrer Hände aus: Wut, Schmerz, Liebe, Sex, Freude.

• Klatschen Sie Ihren aktuellen Gemütszustand, Ihren inneren Puls.

• Wenn es Ihnen Freude bereitet: Besorgen Sie sich ein einfaches Rhythmusinstrument und erweitern Sie Ihr Repertoire. Vielleicht spielen Sie mit Ihrem Partner und improvisieren eine Session.

• Besorgen Sie sich »native music«, rhythmische Tanzmusik von Indianern, Afrikanern. Tanzen Sie sich (alleine ohne Publikum) in diese Urrhythmen hinein. Tanzen Sie sich bis zur Trance. Es geht nicht um exhibitionistische Darstellungen, sondern den eigenen Rhythmus heraus- zutanzen.

Die moderne Rap-Musik hat etwas davon, wenn Sie auch häufig sehr aggressiv ist, mehr Aggression als Urrhyth- mus zum Ausdruck bringt. Aber auch da können Sie Per- len entdecken und sich austanzen.

- Experimentieren Sie mit Ihrer Sexualität als Ihrer Lebens- kraft und Lebensenergie. Machen Sie Ihre Sexualität wie- der zum Hohelied für den Rhythmus des Lebens. Ze- lebrieren Sie Sex. Atmen Sie Ihre Erregung hörbar und bringen sich in synchrone, orgastische Atemresonanz.
- Das können Sie auch lernen. Machen Sie sich mit Tantra vertraut. Es ist als »Hoher Sex« der Weg zur Einheit über die sexuelle Vereinigung, die Kunst der Ekstase.

# 5. Das Gesetz der Harmonie

## Das Gesetz

Das Gesetz besagt: Alles Disharmonische strebt die Wiederherstellung von Harmonie an. Disharmonie entsteht durch Emergenz (revolutionäre Sprünge in der Evolution), Innovation, Weiterentwicklung. Durch Harmonie wird Gleichgewicht wiederhergestellt, werden die durch Entfaltung auseinanderstrebenden Teile auf einer höheren Ebene wieder zu einer neuen Einheit zusammengeführt, wird Chaos wieder zur Ordnung gebracht. Harmonie emergiert (schafft) Einheit und Ganzheit auf höherer Ebene.

Da ist zunächst ein Paar von Frau und Mann, eine Harmonie als Paarbeziehung. Sie »emergieren« ein Drittes, ein Kind. Durch das Baby gerät die Paarbeziehung in Disharmonie, Rollen müssen neu definiert werden. Frau wird auch Mutter, Mann wird auch Vater. Das Paar-System »evolutioniert« zu einem Familiensystem, aus zwei wird drei. Das Gesetz der Harmonie führt diese Dreiheit zu einer neuen Einheit der Familie auf einer höheren Ebene und wieder zur Harmonie.

Die Entfaltung des Kosmos ist nicht nur ein stets wiederkehrender Zirkel, sondern Weiter- und Höherentwicklung, Evolution. Doch das Gesetz der Harmonie sorgt dafür, dass nicht alles auseinanderdriftet, sondern immer zusammengehalten wird, die »göttliche Ordnung« gewahrt bleibt. Kurz: Hinter allem WERDEN klingt die Harmonie des SEINS, die Symphonie der Schöpfung.

Das Gesetz der Harmonie ist auch zu verstehen als Gesetz des Ausgleichs. In diesem Sinne bedeutet es: Jede ausgesendete Energie fließt zu ihrem Urheber zurück.

In der Physik kennt man diesen Aspekt des Harmonie-Gesetzes als »actio = reactio«, auf Druck folgt in gleichem Maße der Gegendruck, um die Harmonie des Ganzen, das Gleichgewicht auszubalancieren. Aus dem Alltagsleben kennen wir den biblischen Spruch: »Wer gibt, dem wird gegeben, wer nimmt, dem wird genommen.«

Durch dieses Gesetz wirkt eine »höhere Gerechtigkeit«. Wer andere schädigt, kommt (sozusagen als »Lektion des Lebens«) selbst zu Schaden. Es ist im Leben häufig zu beobachten: Ein Mensch, der sich etwas unrechtmäßig aneignet, wird damit nicht glücklich und verliert es am Ende wieder. Wie viele »Geschäftemacher«, Spieler und »Abzocker« enden im Ruin?! Krebszellen können die Schädigung des »Wirtes« auch nicht überleben: Ihr Sieg über den Organismus ist gleichzeitig ihr eigener Tod!

Eines der wichtigsten Auswirkungen dieses Harmonie-Gesetzes für das Alltagsleben lautet: Was ich anderen, der Gemeinschaft gebe, das bekomme ich vielfach zurück. Oder mit anderen Worten: »Geben ist seliger als nehmen.«

Jeder trägt in sich ein inneres Potenzial, einen riesigen Reichtum. Indem ich diesen Reichtum, diese Talente und Fähigkeiten, diese Genialität mit den andern Menschen teile, in der Gemeinschaft austeile, leiste ich meinen Beitrag für die Entwicklung des Ganzen, zu seiner Reichtumsentfaltung. Das Ganze lebt von der Entfaltung meiner Potenziale (und der der anderen). Indem ich die Gemeinschaft durch meine Fähigkeiten und Leistungen bereichere, mache ich mein eigenes Leben wertvoll und bekomme von der Gemeinschaft Wertvolles zurück.

## Die Rolle des Gesetzes für das Erfolgsbewusstsein

Auch das Gesetz der Harmonie ist für nachhaltigen Erfolg überaus bedeutsam, das Grundgesetz überhaupt!

Denn egozentrisches Erfolgsdenken ist eine Philosophie des NEHMENS. Sein Kern: rücksichtslose Ausbeutung des anderen (Erde, Natur, Tiere, Untergebene, Frau) nur im eigenen Interesse. Wenn ich gewinnen will, müssen andere verlieren. Erfolg haben heißt, auf der Gewinnerseite zu sein: andere für mich arbeiten lassen. Die Maxime dieser schädigenden Krebs-Philosophie: Hammer oder Amboss sein! … Also bin ich Hammer und schlage um mich.

Egozentrisches Erfolgsdenken ist sehr einseitig und fördert Disharmonie. Ein einseitig auf die berufliche Karriere orientierter Mann entfremdet sich von Frau und Familie. Neben der erfolgreichen Firma steht dann als Kontrastprogramm die zerrüttete Familie.

Wie oft wird Erfolg auf Kosten der Gesundheit errungen? Legionen von Managern leiden an Herzproblemen, werden durch körperliche Krankheiten von Ihrer Karriereleiter zurück auf den Teppich geholt.

Wie viele Menschen haben Reichtümer angehäuft und sind trotzdem nicht glücklich, innerlich leer und unerfüllt. Hier fehlt die Harmonie zwischen Erfolg und Glück, Befriedigung weltlicher und seelischer Bedürfnisse.

Die Verantwortungslosigkeit dem Ganzen gegenüber ist symptomatisch für egozentrisches Erfolgsdenken: kurzfristige Gewinne stehen im Vordergrund, die langfristigen Auswirkungen werden geflissentlich übersehen. »Das ist nicht mein Problem!« Die Einstellung »nach mir die Sintflut« ist typisch für diese Verantwortungslosigkeit!

Förderung von Disharmonie durch dieses egozentrische Denken ist Zeichen für nur kurzfristige Scheinerfolge und langfristige Anhäufung von Problemen.

Das Resultat dieses patriarchalisch-egozentrischen Denkens haben wir heute unmittelbar und offensichtlich vor unseren Augen: Eine Welt so voller Disharmonie, Spannungen, Ungleichgewichten, Konflikten, Widersprüchen, sodass die ganze Welt auseinanderzureißen droht! Die egozentrische Erfolgsphilosophie ist am Ende, hat sich ganz augenscheinlich selbst diskreditiert.

Spirituelles Erfolgsbewusstsein dagegen ist eine Philosophie des GEBENS. Wir sind erfolgreich, indem wir anderen zu ihrem eigenen Erfolg verhelfen. Die Maxime dieses Denkens lautet: »Ich gebe jederzeit mein Bestes!«

Alles Wertvolle im Leben vervielfacht sich durch Geben: Liebe, Freude, Leidenschaft, Sympathie, Geschenke, Wissen, Weisheit, Glück, Frieden, Heilung …

Geben heißt auch (liebevoll) loslassen können: sich an keinen Besitz gierig klammern, anderen Menschen gegenüber keinen Besitzanspruch (und Eifersucht) aufkommen lassen, nichts krampfhaft festhalten, nichts blockieren, Austausch mit anderen fördern, alles dem harmonischen Fluss überlassen.

Spirituelles Erfolgsbewusstsein fördert Harmonie in jeder Hinsicht: der eigenen Gesundheit gegenüber, der Familie, dem Arbeitsteam, auch der Menschheit und Erde gegenüber. Förderung von Harmonie ist letztlich der Maßstab für echten, nachhaltigen Erfolg. Dann ist Erfolg mit Glück und Erfüllung verknüpft. Dann ist Erfolg umfassender (materieller, emotionaler, geistiger und seelischer) Reichtum für alle. Dann ist der persönliche Erfolg in Harmonie mit dem Schöpfungsplan.

## Harmonie auf emotionaler Ebene

Harmonie als Gesetz des Ausgleichs besagt auf der Gefühlsebene erst einmal ganz allgemein: Emotionen, die ausgesendet werden, kommen auf den Urheber zurück. Das gilt allerdings auch für negative, Disharmonie erzeugende Energien: Wut auf einen anderen erzeugt die Gegenwut des anderen (was sich nicht unbedingt gleichermaßen äußern muss). Aggression erzeugt Gegenaggression, Gewalt erzeugt Gegengewalt, Druck erzeugt Gegendruck.

Jedes einen anderen Menschen (oder Tiere) schädigende emotionale Verhalten schafft einen Teufelskreis negativer Energien, eine eskalierende Abwärtsspirale von Disharmonie. Wer andere emotional ausbeutet, vertrocknet am Ende gefühlsmäßig selbst.

Wir können durch negative Emotionen aber nicht nur andere schädigen, sondern auch uns selbst. Angst und Schuldgefühle sind selbstschädigende Gifte. Die meisten körperlichen Krankheiten sind Ausdrucksformen von Disharmonie auf der Ebene der Gefühle. Selbst die Schulmedizin spricht heute schon von »psychosomatischen Erkrankungen«, Krankheiten, die nicht durch äußere »Krankheitserreger« ausgelöst werden, sondern durch emotionale Selbstaggression und Selbstverachtung.

Die so erzeugte Disharmonie mit uns selbst und anderen

lehrt uns, das Gesetz der Harmonie zu achten. Disharmonie lehrt Harmonie, auch das ist ein Ausgleich des Gesetzes. Unser Gefühlsleben kommt nur dadurch zur Harmonie, Zufriedenheit, inneren Frieden, wenn wir Liebe schenken. Liebe ist die Urkraft der Harmonie, die Vereinigung in Harmonie. Solange wir nicht in Liebe sind (und allen ihr verwandten Gefühlen), bringt uns die erzeugte Disharmonie wieder auf den Pfad der Liebe zurück.

In Harmonie mit mir selbst zu sein, heißt, mich selbst zu mögen, mir selbst Liebe zu schenken, aufmerksam meinen eigenen Bedürfnissen gegenüber zu sein. Ohne diesen liebevollen Umgang mit mir selbst, finde ich nicht zum inneren Frieden, zur Zufriedenheit, kann ich diese Liebe und Harmonie auch nicht nach außen tragen. Sich selbst zu lieben ist der Anfang, sich eine liebevolle Umwelt zu schaffen und Botschafter der Liebe, des Friedens und der Harmonie für andere zu werden.

Selbstliebe ist kein Narzissmus (blinde Selbstverliebtheit), sondern sich annehmen, so wie wir sind. Narzissmus ist ausschließlich auf sich selbst bezogen, süchtig nach Anerkennung durch andere, lebt von Komplimenten, Hof machen, will immer im Mittelpunkt stehen. Selbstliebe dagegen ist eine emotionale Selbstreinigung, um anderen reine Liebe schenken zu können.

### Harmonie auf mentaler Ebene

Wir haben beim Gesetz der Polarität darauf hingewiesen, dass Verstand polarisiert und differenziert, entzweit und zweifelt, urteilt und verurteilt. Das ist die analytische Seite des Verstandes. Hier ist Verstand männlich. Und wo Männer dominieren, dominiert diese analytische Seite: Männer töten und sezieren in ihren biologischen Labors Mäuse, um zu analysieren, was Leben sei. So wird analytisches Denken pervers und destruktiv.

Die größte Herausforderung unseres Verstandes ist seine Fähigkeit zur Synthese, zur Integration unterschiedlicher Denksysteme, die Herstellung von theoretischer Harmonie. Hier ist der Verstand eher weiblich, vereinigend, Leben erhaltend und fördernd, Erschaffung höherer Strukturen durch integratives Denken.

Diese Denkweise ist ökologisch. Die Essenz des Lebens wird im Lebensnetz selbst erforscht. Leben wird in seiner lebendigen Vernetzung im ökologischen Umfeld erkannt.

Wir leben heute in einer sehr spannenden Zeit der Integration unterschiedlichster wissenschaftlicher Systeme, ja, gar der Integration von Wissenschaft und Religion! Das ist eine geistige Herausforderung ersten Ranges unser heutigen Zeit! Wenn wir die Zersplitterung des Denkens als Menschheit überwinden, die babylonische Sprachverwirrung beseitigen, dann ist unser Geist der Menschheit in der Lage, eine neue Harmonie zwischen Erde, Natur und Menschheit als Beginn eines neuen Zeitalters herzustellen.

### Harmonie auf spiritueller Ebene

Unsere spirituelle Ebene ist das Zentrum unserer Seele. Die Seele strebt nach Integration, Harmonie und Vollkommenheit.

Hieraus schöpft DIE INTUITION IHRE KRAFT. Wenn wir im harmonischen Einklang mit uns selbst sind, dann verfügen wir über zwei unerschöpfliche Kraftquellen: die Quelle unseres Unterbewusstseins (unsere Gefühle im freien Fluss) und die Quelle unseres Überbewusstseins (unsere Intuition im freien Fluss).

Je mehr wir uns der Intuition öffnen, uns durch die Intuition leiten lassen können, desto mehr Harmonie können wir in unserem Leben verwirklichen, desto integrativer wird auch unser Bewusstsein und unser Denken.

Doch wir müssen bereits ein bestimmtes Maß an Disharmonien beseitigt haben, um uns der harmonisierenden Kraft der Intuition öffnen zu können. Die Beseitigung von Disharmonie auf emotionaler und mentaler Ebene bereitet den Boden für eine kraftvolle Intuition vor.

## Übungen zum Gesetz der Harmonie

Wir empfehlen Ihnen in diesem Gesetz Übungen, die Ihnen wirksam helfen, Ihre emotionale und mentale Ebene zu harmonisieren und sich so besser für den Empfang von Intuition einzustimmen.

### Affirmationen zur Harmonisierung des Unterbewussten

Lesen Sie die folgenden Affirmationen erst einmal durch. Überprüfen Sie, welchen Affirmationen Sie vollkommen zustimmen können. Stellen Sie sich diese Gruppe zusammen, mit der Sie gedanklich bereits in Einklang sind und sprechen Sie diese Affirmationen in den nächsten 14 Tagen wiederholt.

Stellen Sie sich eine zweite Gruppe von Affirmationen zusammen, mit denen Sie nichts anfangen können, die sie

»kalt lassen«. Sehen Sie in diesen Sätzen Meditationstexte, die Sie liebevoll, doch zunächst unpersönlich wie ein Gedicht rezitieren. Spüren Sie dabei, wie sich innere Blockaden lösen und Sie innerlich wieder in Fluss kommen. Sobald Sie einer Affirmation jetzt zustimmen können, nehmen Sie sie in die erste Gruppe auf.

Stellen Sie sich eine dritte Gruppe zusammen, der sie widersprechen, die Sie aufregt, die Sie nervt, mit der Sie in starker Disharmonie stehen. Setzen Sie vor jeden Satz die Einleitung: »Es wäre wirklich schön: …«. Formulieren Sie den Rest der Affirmation aber nicht um (nicht z. B. in den Konjunktiv). Oder beginnen Sie die Sätze mit: »Für viele Menschen gilt es und ich wünsche es auch für mich: …«

- Ich mag mich, so wie ich bin und nehme alles an mir als eine Gabe an, die mich fördert und zum Wachstum anregt.
- Das Leben liebt mich. Ich bin geborgen und sicher.
- Alle meine Emotionen sind akzeptabel und haben ihre Existenzberechtigung. Durch Akzeptanz und Wohlwollen lasse ich sie los und frei. Bye bye!
- Ich gebe meinen Gefühlen freien Lauf, auch meiner Wut. Meine Gefühle gesund zu äußern hält mich gesund.
- Wer mich wütend macht, dem zeige ich meine Betroffenheit.
- Meine Eltern wollten immer nur mein Bestes und haben ihr Bestes gegeben. Ich vergebe ihnen wie ich um Vergebung bitte.
- Die Menschen lieben mich, weil ich ICH SELBST bin. Ich bin im Einklang mit mir selbst.

- Ich mag mein eigenes Geschlecht und bin fasziniert vom anderen.
- Ich ruhe in meiner Mitte und strahle Selbstsicherheit aus.
- In mir herrscht Friede, Zufriedenheit und Gelassenheit.
- Ich beachte die tiefe Harmonie in mir. Harmonie erfüllt mich mehr und mehr. Ich lasse alles los, was meine Harmonie beeinträchtigt.
- Ich bin wertvoll und liebenswert. Andere beachten meinen Wert und lieben mich als wertvollen Menschen.
- Ich lasse meine Vergangenheit in Liebe und Dankbarkeit los und lebe im Hier und Jetzt.
- Ich bin entspannt und im Fluss des Lebens.
- Ich nehme dankbar an, was das Leben mir schenkt.
- Ich strahle Liebe aus und werde geliebt. Ich strahle Harmonie aus und empfange Harmonie.
- Ich vertraue dem Leben, vertraue mir selbst, sehe vertrauensvoll in die Zukunft.
- Ich gebe jederzeit ohne Bedingungen und Erwartungen mein Bestes.
- Ich gehe behutsam, sanft und liebevoll mit mir um. Ich liebe mich.
- Ich bin Harmonie.

**Loslassen oder integrieren?**
Diese Übung aktiviert Ihre Fähigkeit zu integrativem Denken. Disharmonien entstehen, wenn wir das nicht loslassen können, was nicht mehr zu uns gehört (wir kleben an der Vergangenheit), oder das nicht integrieren, was eigentlich fester Bestandteil unseres Lebens wäre (wir gestalten unsere Zukunft nicht bewusst).

- Wo ist Ihr Leben entzweit? Wo läuft Ihr Leben auseinander? Zwischen welchen Bereichen spüren Sie eine wachsende Spannung? (z. B. erfüllende Tätigkeit, aber wenig Geld; Erfolg im Beruf, aber Pech in der Liebe; spirituell entwickelt, aber körperlich krank; Liebe zu den Kindern, aber keine Zeit für sie; hohes Einkommen, aber keinen Spaß mehr an der Arbeit ...)
- Was müssten Sie loslassen und gehört nicht mehr zu Ihnen? Wovor haben Sie Angst? Wie können Sie diese Angst überwinden? (z. B. angestellte Arbeit – Angst vor dem Risiko der Selbstständigkeit; überlebte Partnerschaft, aber Angst vor der Trennung; Nikotinsucht – Angst vor Entzugserscheinungen; meine Kinder werden erwachsen und entfremden sich von mir – Angst vor der kinderlosen Zeit ...)
- Was ist unbedingter Bestandteil Ihres Lebens, aber gehört Ihnen noch nicht so richtig? Wie können Sie es in Ihr Leben integrieren? (z. B. mein Hobby begeistert mich, aber ich kann davon nicht leben; mein Liebespartner ist mein Traummensch, aber wir führen keine Lebenspartnerschaft; ich bin fasziniert von anderen Menschen, aber sie sind nicht Bestandteil meines Lebens ...)
- Was würden Sie sich wünschen? Bitte formulieren Sie final, als ob es schon erreicht wäre:
  Ich wünsche mir: Mein Hobby ist mein Beruf und ich kann gut davon leben. Oder:
  Ich wünsche mir: Ich trenne mich in Liebe von meinem Lebenspartner und für uns beide folgt Besseres nach. Oder: Ich wünsche mir: Ich bin vollkommen gesund, vital und leistungsfähig!

- Welche Entscheidungen sind jetzt zu treffen?
  Damit wäre der Verstand überfordert. Lassen Sie den Verstand keine Entscheidung treffen, sondern stellen Sie nur Ihre Fragen in den Raum. Stellen Sie drei Fragen, schreiben Sie sie auf und lassen Sie diese »im Raum stehen«, z. B.:
  Was soll ich tun, um richtig gesund zu werden?
  Was soll ich tun, um in meinem Beruf richtig erfolgreich zu werden?
  Was soll ich tun, um ein idealer Lebens- und Liebespartner zu sein?

Sie ahnen schon, mit den letzten Fragen rufen wir nach Antworten aus Ihrer Intuition, laden Ihre Intuition ein, Ihr Leben zu harmonisieren. Wenn Sie diese, Ihre Fragen klar und präzise formuliert haben (ändern Sie die Worte, wenn sie noch nicht ganz stimmig sind), dann öffnen Sie alle Ihre Sinne, um die Antwort zu empfangen. Sie kommt mit Sicherheit. Seien Sie dann auch geistesgegenwärtig.

## 6. Das Gesetz des Denkens

### Das Gesetz

Das Gesetz des Denkens besagt: Jeder Gedanke ist eine Schöpfung und muss sich verwirklichen. Das Denken, der GEIST, ist die schöpferische Urkraft. Was nicht als Idee existiert, kann sich nicht manifestieren. Alles, was sich manifestiert hat, ist eine realisierte Idee, eine verwirklichte Vision. GEIST ist der Urgrund allen Seins. DENKEN ist »Geist in Bewegung«. Durch Denken schafft sich jeder seine Welt und einen kreativen Beitrag zur Schöpfung.

Durch das Werkzeug des eigenen Geistes, des eigenen Bewusstseins, des eigenen Denkens verfügt jeder über die Macht der Schöpfung. In diesem Sinne ist der Mensch als Geisteswesen ein Ebenbild Gottes, ein Mitschöpfer der Schöpfung, ein Kooperationspartner im Schöpfungsplan. Die Fähigkeit zu denken und durch Denken etwas Neues hervorzubringen macht jeden Mensch zu einem wertvollen Kleinod. Selbstbewusstsein heißt, sich dessen bewusst zu sein und seinen Job im Schöpfungsplan zu erfüllen. Mit dem Menschen wird die Evolution sich ihrer selbst bewusst und transformiert zu einer bewussten Evolution. Wir leben in wahrlich aufregenden Zeiten!

Gedanke – Wort – Tat: so geschieht Schöpfung. Im Großen wie im Kleinen. Der Gedanke manifestiert sich zunächst einmal im gesprochenen oder geschriebenen Wort, um dann durch Taten zu wirken und kreative Werke zu »emergieren«.

Ein Spruch lautet: »Jeder Gedanke strebt seiner Vollendung zu.« Und wie machtvoll diese Vollendung sein kann, das können wir jeden Abend nach dem Untergang der Sonne beobachten: All das künstliche Licht, das uns da auf den Straßen, in den Fenstern umgibt, ist die machtvolle Manifestation der Idee von Thomas Alva Edison, die Elektrizität zu nutzen, um künstliches Licht zu erschaffen. Alles von Menschenhand Geschaffene war erst einmal eine Idee. Unsere uns umgebene Kultur ist materialisierter Geist.

Gehen wir jedoch staunend in der Natur durch einen Wald spazieren, stellt sich schon eher die Frage, was für eine Idee, was für ein Gedanke, was für eine Vision sich da in der freien Natur manifestiert haben sollte?!

Die Naturwissenschaft hat lange Zeit versucht (und tut es zum Teil auch heute noch), die Evolution als eine gigantische Ansammlung von »Zufälligkeiten« zu interpretieren. Zeit schien sie auf unserem Planeten ja genug zu haben: 4,5 Milliarden Jahre. Wenn das nichts ist!

Doch wenn man diese Hypothese ernst nimmt und nach den mathematischen Gesetzen der Wahrscheinlichkeit ausrechnet, wie viele »zufällige Mutationen« notwendig wären, damit nur aus einem affenähnlichen Wesen ein Mensch wird, dann würden diese 4,5 Milliarden Jahre für den letzten Sprung der Evolution gar nicht ausreichen!

Wie viele »zufällige Mutationen« müssten eintreten, damit ein affenähnliches Wesen eine Glühbirne erfindet oder gar eine philosophische Abhandlung ähnlich dem Lebenswerk von Platon schreibt? Der Witz an der Sache ist nämlich der, dass bei einem solchen qualitativen Sprung in der Evolution Hunderte von Mutationen gleichzeitig auftreten müssten, um etwas qualitativ Neues zu schaffen. Das ist extrem unwahrscheinlich.

Die Zeit, die die Evolution brauchte, um auch nur ein einziges Enzym (ein etwas komplexeres Gebilde als ein Vitamin) »zufällig« entstehen zu lassen, würde bedeutend länger sein, als es den Planeten Erde überhaupt gibt. Und das nur für das zufällige Entstehen eines einzigen Enzyms! Und wie viele unterschiedliche Enzyme gibt es? Und wie viele komplexere biologische Strukturen?!

Bevor wir ganz schwindelig von diesen großen Zahlen werden, sollten wir es uns einfacher machen: Stellen Sie eine Tasse auf den Tisch. Was glauben Sie, wie lange es dauert, bis sich diese Tasse aus eigener Kraft um einen Zentimeter nach rechts bewegt? – Ausgeschlossen?! Nein, gänzlich ausgeschlossen ist das nicht!

Denn, wir erinnern uns, alles besteht aus Schwingungen, und Ihre Tasse macht da keine Ausnahme. Theoretisch ist es durchaus denkbar, dass sich alle Teilchen »zufällig« einmal wie auf ein Kommando in eine Richtung bewegen und die Tasse würde sich also »aus eigener Kraft« bewegen. Theoretisch ist das vorstellbar. Aber was glauben Sie, wie lange es dauert, bis ein solches extrem unwahrscheinliches Ereignis doch eintritt? Reichen eine Million Jahre?

So lange sollten Sie nicht warten! Nehmen Sie die Tasse einfach in Ihre Hände und schieben Sie sie ein Stück weiter. Sehen Sie jetzt, wie viel Macht der Geist hat?!

Um wie viel schneller der Geist etwas in Bewegung setzen kann, als etwas sich zufällig selbst in Bewegung setzt? Wie viel Zeit haben wir uns durch den geistvollen Eingriff erspart!

Okay, Sie werfen ein, die Tasse habe sich durch unseren Eingriff ja nicht von selbst bewegt, sondern durch eine äußere Kraft! – Ein wirklich guter Einwand, der uns zum Nachdenken bringen sollte! (Denken ist ja jetzt unser Thema!)

Die Tasse ist ja nicht einfach ein Ding, das vom Himmel gefallen ist, sondern auch ein geschaffenes Produkt, ein Geschöpf sozusagen, ja mehr noch: die Verkörperung einer Idee. Die »Idee Tasse« hat materielle Gestalt angenommen und ist immer noch Teil dieses scheinbar so banalen Produktes:

Sie hat eine Funktion, Flüssigkeit aufzunehmen, um diese leichter zum Mund zu führen und trinken zu können. Die Tasse ist dazu da, angefasst und mit den Händen bewegt zu werden. Sie sagt uns sozusagen: »Füll mich mit Flüssigkeit und führe mich an deinen Mund!« Das erwartet sie von uns, das ist ihre Existenzberechtigung, darin findet sie ihre Erfüllung. Ohne unsere sie bewegenden Hände verliert sie ihren Lebenssinn. Unsere Hände sind ein Teil von ihr, ohne unsere Hände wäre sie eine Fehlkonstruktion! Wenn wir die Tasse mit unseren Händen bewegen, setzen wir sie in Funktion, erfüllen ihren Sinn. Unsere Hände sind also nicht einfach »äußere Kraft«, sondern Teil des »inneren Konstruktionsplans« der Tasse. (Assoziieren Sie hier »zufällig« das Wort: »Schöpfungsplan«?!)

Tassen sind nicht dazu da, dass sie sich »zufällig« von selbst einmal in Bewegung setzen. Wenn wir das erwarten würden, hätten wir ihren Sinn gänzlich missverstanden. Das glaubt nicht einmal ein Kind. In der Anwendung der Tasse lernt es ihre Funktion, trinkt nicht nur die Schokolade, sondern verleibt sich auch die »Idee Tasse« ein.

Doch so denken viele Evolutionstheoretiker: Die Tasse (lies: der Kosmos) sei zufällig da und jetzt wird mit ihr genauso zufällig etwas geschehen. – Doch der »Urknall« sowie die Geschwindigkeit der Evolution sind für diese Theoretiker ein Albtraum! »Zufall« ist jetzt für die Evolution undenkbar geworden!

Gut, die Tasse ist sich nicht selbst bewusst, eine Tasse zu sein, hat kein Selbstbewusstsein. Ist sie deshalb aber geistlos?! Sie besitzt doch ganz offensichtlich Intelligenz: Sie ist nach einer Idee, einem geistvollen Plan hergestellt worden und hat einen inhaltvollen Sinn zu erfüllen!

Der menschliche Geist hat die Tasse geschaffen, auf dass sie ihm diene! Dieser Geist ist als Schöpfer und Verwender Bestandteil der Tasse, die Tasse ohne ihn nicht denkbar.

Und ohne den Gebrauch durch diesen Geist geriete die Tasse in eine existenzielle, nihilistische Krise.

So wie die Tasse ohne Geist undenkbar ist, so ist auch die Natur, der Kosmos ohne Geist undenkbar. Sobald wir anfangen zu denken (wie gesagt: unser Thema!), können wir überall diesen Geist entdecken. Nur in Gedankenlosigkeit sehen wir ausschließlich den äußeren Schein der Dinge und nicht den ihnen innewohnenden Geist.

Und um wie viel mehr Geist und Intelligenz besitzt eine Amöbe gegenüber einer Tasse! Eine Tasse kann nicht einmal wachsen und sich fortpflanzen.

Alles das ist kein Gottesbeweis! Gott kann auf dieser Ebene des Denkens weder in seiner Existenz noch Nichtexistenz im strengen Sinne bewiesen werden. Gott kann man nur erfahren und nicht erdenken, so wie wir auch Liebe nur leben und nicht denken können! Und doch: Wenn die Existenz der Natur und des Kosmos ohne einen »inne-wohnenden« Geist oder »immanente« Intelligenz undenk-bar ist, dann ist die Existenz Gottes einfach plausibel.

Der Kosmos ist also die Vollendung eines schöpferischen Gedankens. Stellen wir erneut unsere Ausgangsfrage und das jetzt ganz provokativ:»Was hat Gott sich wohl dabei ge-dacht, als er den Kosmos, die Natur geschaffen hat?«

Versetzen wir uns gedanklich (wir sind immer noch mit-ten im Thema des Gesetzes!) in die göttliche Ausgangslage: GOTT ist nichts, einfach nur da, Potenzial für alles, aber eben nur Potenzial ... ohne Folge und Erfolg sozusagen! GOTT ist ein erfolgloses NICHTS.

SIE (LIEBE) bekommt die Krise und denkt sich: WER BIN ICH? Wer kann mir erklären, was eine allmächtige Göttin ist? Was soll meine ganze Macht, wenn ich damit nichts ma-che?! Und schon hat ER (GEIST) einen durchgeknallten Plan: ICH ERKENNE MICH IN MEINER SCHÖPFUNG. Ich bin das, was ich erschaffe! Also schaffe ich mir ein Universum, das meiner Intelligenz würdig ist, selbst zu Bewusstsein kommt und mir erklärt, wer ICH BIN. Echt genial! Auf so eine gött-liche Idee kann nur Meinesgleichen kommen!

Können Sie sich vorstellen, mit welcher durchgeknallten Ur-Euphorie SIE-ER sich JETZT ans Werk gemacht hat? Der Paukenschlag des Schöpfungsbeginns (der Urknall) ist mit sensiblen Geräten der Astrophysik (Hubble-Mikros) noch heute zu hören! Ein Teil des GEISTES verwandelt sich in Kosmos, um sich selbst erkennen zu können. Kein Aben-teuer könnte spannender sein!

Übrigens: Jedem Menschen, der zum Selbstbewusstsein kommt, stellt sich diese »göttliche Ausgangsfrage«: WER

BIN ICH? Und schon der Tempel von Delphi fordert uns in Stein gemeißelt auf: »ERKENNE DICH SELBST ...«, die Fortsetzung steht im Inneren des Tempels:

»... SO ERKENNST DU GOTT.«

DENKEN und sein Resultat, der GEDANKE, sind unsere göttlichen Werkzeuge, um als Mitschöpfer SEINE-IHRE Schöpfung zu vollenden. Können Sie sich eine faszinierendere Idee denken?!

## Die Rolle des Gesetzes für das Erfolgsbewusstsein

Die Macht der Gedanken war bereits den Klassikern des Erfolgsdenkens bewusst: »Erfolg beginnt im Kopf« könnte als Motto gelten. Zu Napoleon Hills Hauptwerken gehören ja neben den »Gesetzen des Erfolgs« auch die beiden Werke: »Denke nach und werde reich« und »Erfolg durch positives Denken«. Für Erfolg ist POSITIVES DENKEN sicher eine notwendige, wenn auch keine hinreichende Bedingung.

Denken ist also der erste Schritt zum Erfolg. Denn ich muss mir ja zumindest ein Ziel ausdenken, das ich erreichen will, um Erfolg zu haben. Und dann muss ich mir Gedanken darüber machen, wie ich das Ziel erreichen will. Erfolg setzt Denken voraus. Ohne Denken kann ich keinen Erfolg erzielen.

Egozentrisches Erfolgsdenken übertreibt jedoch die Rolle des eigenen Denkens und des Verstandes, überbetont es bis hin zur maßlosen Omnipotenz. Sein Motto lautet: Alles, was ich mir ausdenken kann, ist machbar. Doch gerade dieser rücksichtslose Machbarkeitswahn, diese blinde Maßlosig-

keit (nach der Maxime: MEIN WILLE GESCHEHE!) hat die
Welt an den Rand des Untergangs geführt. Richtig, wir haben uns als Menschheit bewiesen: Die Zerstörung des Planeten Erde ist machbar! (Und es könnte ähnlich schnell gehen
wie der Zusammenbruch des Kommunismus in Osteuropa
oder anderswo, denn der Machbarkeitswahn ist derselbe!)

Zoomen wir uns das Problem noch ein Stück näher heran! Erfolg sei demnach: Ich denke mir ein Ziel aus und erreiche es, indem ich mich gegen alle möglichen Arten von
Widrigkeiten druckvoll durchsetze.

Der Erfolgsweg ist also der WILLE, unbeirrt und druckvoll ein Ziel nach dem anderen zu erreichen. – Stopp! In
diesem Denken spielt die Qualität des Ziels offensichtlich
keine Rolle! Denn die Formel für Erfolg lautet schlicht und
ergreifend: ERFOLG = ZIEL ERREICHT.

Um es auf die Spitze zu treiben: Ein Mensch beschließt,
einen anderen zu ermorden (Zielsetzung). Er v-erfolg-t das
Ziel, bis er es erreicht hat und das Opfer getötet ist. Im Sinne
der Zielerreichung: ein voller Erfolg!

Mit anderen Worten (und wir müssen uns darüber absolut im Klaren sein!): Egozentrisches Erfolgsdenken ist bar
jeder Moral und Ethik! Denn nach welchen Kriterien sollte
dieses rein zielorientierte Denken bestimmen, was ethisch
ist und was nicht? Genau dieses unethische, amoralische,
sinnlose (!) Denken hat uns in die planetare Existenzkrise
geführt!

Spirituelles Erfolgsbewusstsein dagegen gliedert das eigene Denken in den Schöpfungsplan ein. Statt des omnipo-
tenten »mein Wille geschehe«, heißt es jetzt demütig: DEIN
WILLE GESCHEHE!

Dies ist jedoch nicht mit abhängiger »Unterwürfigkeit« zu verwechseln! Es bedeutet vielmehr, das eigene Leben in Einklang mit dem großen Strom der Schöpfung und Evolution zu bringen. Denn nur in diesem Schöpfungsplan kann ich meinen Platz finden und wirklich glücklich und erfüllt sein. Spirituelle De-mut ist das Pendant zum rücksichtslosen Über-mut des egozentrischen Erfolgsdenkens!

Dieses spirituelle Erfolgsbewusstsein lässt sich nicht durch einen maßlosen Machbarkeitswahn in die Irre führen: Nicht das Machbare machen, sondern das ethisch Sinnvolle machen. SINN erwächst aus der ganzheitlichen Perspektive, Mitgefühl, Integration und nicht aus egoistischer Rücksichtslosigkeit.

Wie aber werden wir »DEINEN WILLEN« gewahr? Woher sollen wir wissen, was »der Schöpfungsplan« ist, der die maßgebliche Richtschnur für ein sinn- und wertvolles Leben ist?

Die Antwort wird nicht mehr überraschen: durch Intuition! Intuition ist nie egozentrisch, sondern immer geleitet durch »höhere Weisheit«. Intuition ist in ihrem ganzen Wesen nach ethisch wert- und sinnvoll. Nachhaltiger, globaler, transformierender Erfolg ist immer ERFOLG DURCH INTUITION! Das ist die Revolution im Erfolgsbewusstsein.

## Denken auf emotionaler Ebene

Können wir auch auf emotionaler Ebene denken? Ist Denken nicht gerade das Wesen der mentalen, rationalen Ebene? Und sind Gefühle im Gegenteil nicht ausdrücklich: irrational?!

Mit Howard Gardner und seinem Buch »Emotionale Intelligenz« wissen wir: Unsere Gefühle besitzen Intelligenz!

So wie der Kosmos, die Natur Ausdrucksformen des GEIS-TES sind, so auch unsere Gefühle, unser Unterbewusstsein. Wir denken sozusagen auch »mit dem Bauch«!

Deshalb sollten wir unsere Gefühle nie mehr als »irrational« abtun, sondern ihre Intelligenz erkennen und sie uns bewusst machen! Gefühle (das Unterbewusstsein überhaupt) sind nicht ir-rational, sondern prä-rational (Ken Wilber) und warten darauf, ins Bewusstsein gehoben zu werden, durch das Denken bewusst gemacht zu werden. Gefühle sind keine Kontrahenten des Denkens, sondern dessen Futter! (Wir sollten es nicht vergiften!)

Durch die Transformation von Gefühlen ins Bewusstsein schaffen wir Einklang zwischen Unterbewusstsein und Bewusstsein. Das führt zur Potenzierung unserer Kraft!

### Denken auf mentaler Ebene

Denken konstituiert die mentale Ebene, konstituiert unser Menschsein. Mit dem Denken entfaltet sich Bewusstsein und Selbstbewusstheit.

Der Paukenschlag der Aufklärung war René Descartes: »COGITO ERGO SUM«, ich denke, also bin ich!

Aus dem Zweifel an allem (insbesondere an der Herrschaft der dogmatisch gewordenen Religion) entwickelte dieser »philosophische Vater der Moderne« – selbst ein großer Mathematiker – die Grundlagen des wissenschaftlichen Rationalismus, des rationalen gegen das mystische Denken.

Dieses Denken ist linear, seriell, logisch, atomistisch, analytisch, reduktionistisch, mechanisch, deterministisch und objektivistisch und unterliegt heute einer tiefen Kritik der »ganzheitlich denkenden Postmoderne«. Und doch: Ohne dieses Denken würden wir noch im Mittelalter leben! Und das war kein goldenes Zeitalter, sondern ein dunkles.

Aufklärung hieß: keine religiösen Dogmen und falsche Ideologien mehr nachbeten, sondern selbst nachdenken.

ICH DENKE, ALSO BIN ICH! – gilt heute für jeden Menschen, der sich von vorgekautem, nur noch zu schluckendem Einheitsbrei des Pantoffelkinos befreien will. Sich aus Abhängigkeiten zu lösen und selbstständig zu sein, beginnt damit: selbst zu denken!

## Denken auf spiritueller Ebene

So wie es eine »emotionale Intelligenz« gibt, gibt es auch eine »spirituelle Intelligenz« (Danah Zohar/Ian Marshall). Spirituelle Intelligenz ist die Intelligenz der Seele, die Intelligenz des Herzens! Spirituell entwickelte Menschen »denken mit dem Herzen«.

Auf der spirituellen Ebene können wir uns mit der »Allwissenheit« verbinden. Durch Intuition und Inspiration empfangen wir Gedanken, Gedankenimpulse!

Das Wichtigste jedoch, das wir empfangen (und nicht rational ausdenken) können, ist unsere Lebensvision, die unseren Lebenssinn ausmacht. Dieser intuitiv empfangenen Vision können wir dann unsere Ziele unterordnen. So sind Ziele nicht losgelöst und vom EGO bestimmt, sondern eingebunden in einen höheren Sinn, in globale Werte, in die Ethik des Überbewusstseins.

Auf diese Weise kommen wir nicht nur in Einklang mit der Schöpfung, sondern bringen auch unsere drei Systeme Unterbewusstsein – Bewusstsein – Überbewusstsein in Einklang miteinander. Und damit verwirklichen wir uns selbst.

Und das ist sozusagen spirituell transformierter Egoismus, denn was sollte uns besser tun, als uns selbst zu verwirklichen und das Beste aus uns zu machen? Wo EGO war, soll ICH SELBST werden.[2]

Sich der spirituellen Intelligenz zu ergeben (das ist Hingabe in Demut gegenüber dem Höheren), kann noch einen Schritt weiter gehen und das LOSLASSEN und GESCHE-HEN LASSEN an die Stelle des Machbarkeitswahns setzen! Wir müssen nicht alles unter Kontrolle haben, alles präzise planen, jede Einzelheit kennen, alles erdenken. Wir können durch dieses LOSLASSEN, des absichtsvollen und zielgerichteten Tuns das Wunder geschehen lassen.

Durch dieses Vertrauen in die Schöpfung gewinnen wir wieder die Fähigkeit für das fassungslose Staunen, das faszinierende Bewundern der Ordnung, Harmonie, Vollkommenheit und Intelligenz des Ganzen.

## Übung zum Gesetz des Denkens

Bitte denken Sie nach:

Was ist »Gott« für mich?
(Haben Sie ein anderes Wort?)
Wo hat ER-SIE sich mir schon offenbart?
Was für einen Sinn
hat mein Leben, hat mein Tod?
Was ist meine Lebensaufgabe,

---

2   Frei nach Sigmund Freud: »Wo Es war, soll ICH werden.«

meine Berufung, mein Lebenswerk?
WARUM dieses Leben …
in dieser Zeit
an diesem Ort
in dieser Beziehung
mit diesen Eltern
mit diesen Problemen
mit dieser Krankheit
mit diesem Beruf
… ?
Was kommt nach dem Tod?
WER BIN ICH?
Was hat mich zu dem gemacht, was ich jetzt bin?
Was sollte ich tun, um zu dem Menschen zu werden,
der ich wirklich bin?

# 7. Das Gesetz des Potenzials

## Das Gesetz

Das Gesetz des Potenzials (Potenz-ials) oder der Fülle besagt: GEIST und LIEBE (die Ur-Dualität des Göttlichen) sind das kreative Potenzial, das grenzenlose und formlose Energiefeld aller Möglichkeiten. Dieses Potenzial ist Allmacht und Allwissenheit, das EINE in ALLEM.

Das in seiner Vielfalt in Form gegangene Manifestierte ist Teil des Potenzials, das Potenzial selbst jedoch ist in seiner ganzen Fülle unbegrenzt. Gedanken (Ideen, Visionen) sind die einzige Kraft, die aus dem formlosen Potenzial formhafte, greifbare, feste Manifestationen bilden können.

Mit diesem Gesetz kommen wir mit der Grenzenlosigkeit, der Unbegrenztheit, der Unendlichkeit in Berührung. Alles ist da und wartet darauf, von einem Schöpfer in Erscheinung gerufen zu werden, das noch nicht Manifeste schöpferisch zu manifestieren.

Jeder Mensch IST Teil dieses Potenzials. Es gibt nichts außerhalb dieses Potenzials. Doch wir grenzen uns ab, mauern uns ein, glauben, getrennt außerhalb von allem zu existieren, ein singuläres, einsames Wesen zu sein.

Doch dies ist eines der größten Illusionen, wie wir es beim Gesetz der Schwingung schon erkannt haben. Wir brauchen eigentlich nur zu SEIN, wer wir SIND, und schon könnten wir von diesem grenzenlosen Potenzial wieder uneingeschränkt Gebrauch machen.

Dieses Potenzial ist die Quelle unserer spirituellen (und

nicht egoistischen) Macht. Verbinden wir uns mit diesem Potenzial, leben wir als Kanal in dieser Fülle, dann bringen wir es durch unser Leben zum Ausdruck, verwirklichen wir auch gleichzeitig unser eigenes, wahres Potenzial.

Wir haben eine potenzielle Bestimmung und darin zeigt sich unsere Lebensaufgabe, der wir uns bewusst werden müssen. JEDE GABE IST EINE AUFGABE (Käthe Kollwitz): die Aufgabe, sie im Sinne der Menschheit verantwortungsbewusst zu nutzen, mit diesen ausgestatteten Talenten, dieser uns innewohnenden Genialität dem Ganzen zu dienen. Dem Ganzen zu dienen bedeutet jedoch nicht, dem Bestehenden zu dienen, sondern der Vision des Ganzen, der Vision einer Menschheitsfamilie als wirkliche Krönung der Schöpfung auf dem Planeten Erde.

Der größte Dienst an der Menschheit ist es, sein eigenes Potenzial voll zu entfalten. Auf diese Weise manifestieren wir DAS POTENZIAL. Uns durchfließt der Fluss der Schöpfung über unsere eigene Kreativität. Die Evolution findet nicht irgendwo da draußen statt: WIR SIND DIE EVOLUTION.

### Die Rolle des Gesetzes für das Erfolgsbewusstsein

Das Gesetz des Potenzials beantwortet eine fundamentale Frage des Erfolgs: Was ist eigentlich er-reich-bar? Wo sind die Grenzen? Wo beginnt das Unmögliche? Gibt es das Unerreichbare überhaupt? Wie können auch Wunder vollbracht werden? Aus welchen Ressourcen schöpfen wir eigentlich? Letztlich ist es die Frage: Was verstehen wir unter Reichtum und wie schaffen wir ihn? Wie machen wir die Welt wertvoller und lebenswerter?

Das egozentrische Erfolgsdenken ist im Kern ein Mangeldenken! Es geht davon aus, dass die Ressourcen begrenzt seien, dass man um »den Platz an der Sonne« kämpfen müsse. Jeder müsse selbst dafür sorgen, dass er von dem zur Verteilung anstehenden Kuchenstück möglichst viel abbekommt. Wir stünden alle in Konkurrenz zueinander und am Ende siegten die Cleveren und verlören die Dummen:

Reichtum ist Beute machen, Reichtum ist für wenige und findet seinen Ausdruck im materiellen Besitz. Das Reservoir für die Wertschöpfung ist die Erde (Ausbeutung der Bodenschätze), ist die Natur (Ausbeutung der Wälder, der Tiere als Nutz- und Schlachtvieh), sind Frauen (Ausbeutung emotionaler Kraft), sind Arbeitende im eigenen und »fremden« Ländern (Ausbeutung von Arbeitskraft).

Reichtum wird geschaffen und Wert geschöpft, indem DAS ANDERE zu Beute wird. Ausbeutung ist die Jägermentalität unseres Reptiliengehirns. Erst so langsam aber sicher merken wir, dass wir uns durch diese ausbeuterische Form der Reichtumsbildung nur selbst schädigen.

Spirituelles Erfolgsbewusstsein dagegen ist ein Bewusstsein der Fülle. Wenn alles Energie ist, wie sollte es je eine »Energiekrise« geben? Wenn das Potenzial unbegrenzt ist, wie sollte jemals Mangel entstehen können? Eine Mangelkrise ist immer eine Krise des Denkens und Bewusstseins: Es zeigt, dass wir (noch) nicht in der Lage sind, durch unser Denken aus der Fülle des Potenzials neuen Reichtum zu schaffen. Denn es ist immer alles da, was wir brauchen.

Wahren und erfüllenden Reichtum schaffen wir, indem wir aus unserem INNEREN Potenzial schöpfen und unsere inneren Werte nach außen tragen. Im spirituellen Erfolgsbewusstsein bereichern wir uns nicht ausbeuterisch an der Welt, sondern bereichern wertbildend die Welt!

WAHRER ERFOLG ist ein Ausdruck unseres inneren Potenzials!

### Potenzial auf emotionaler Ebene

Unser Potenzial auf emotionaler Ebene äußert sich in Wünschen, Träumen, Hoffungen, Verlangen, Sehnsüchten!

Unser Unterbewusstsein, der Hort unseres Potenzials, macht uns mit allen ihm zur Verfügung stehenden Mitteln immer wieder darauf aufmerksam, was unsere Lebensträume sind. Und es reagiert durchaus unfreundlich, wenn wir darauf nicht achten!

Depression (als Niedergeschlagenheit) ist das größte Alarmsignal des Unterbewusstseins, dass wir an unseren Lebensmöglichkeiten meilenweit vorbei leben. Unser Lebenspotenzial will sich ausdrücken. Wenn es dagegen unterdrückt wird (und sei es durch Nichtbeachtung), dann werden wir depressiv!

Ein weiteres Alarmsignal: Jede Sucht ist ein deutliches Zeichen, dass wir unsere Sehnsucht nicht leben! So können wir auch Suchtverhalten gegenüber eine akzeptierende Einstellung gewinnen:

Sie macht uns darauf aufmerksam, dass wir uns unseren Sehnsüchten und unserem Lebenstraum bis zur Unkenntlichkeit gegenüber entfremdet haben!

Sogar akute wie chronische Krankheiten sind Signale des Körpers, dass wir in Disharmonie mit uns selbst sind. Sie sollten uns aufrütteln, endlich das Leben zu leben, zu dem wir fähig sind, um uns in voller Größe zu erheben.

Unser Unterbewusstsein weist uns aber auch den Weg zu unserem Potenzial:
ES IST DER WEG DER FREUDE UND DER LEIDENSCHAFT.
Alles das, was wir mit Freude machen, wo Freude aufkommt, da sind wir auf dem richtigen Weg! Eigentlich ist es so einfach! Wir können den Weg gar nicht verfehlen, da wir das Ziel in uns selbst haben. Wir brauchen nur in die richtige Richtung zu gehen!

## Potenzial auf mentaler Ebene

Vorrangige Aufgabe unseres Bewusstseins ist es, unsere Wünsche, Träume, Hoffungen, Verlangen, Sehnsüchte aus dem Unterbewusstsein ins Bewusstsein zu heben und klar und deutlich zu artikulieren, »operationalisierbar« zu machen, in konkrete Pläne und Ziele umzusetzen.

Das gilt ganz besonders für unseren Beruf, der unserer Selbstverwirklichung dienen sollte. Der Beruf bindet uns in die Gemeinschaft ein, macht uns zu einem Gesellschaftswesen. Durch unseren Beruf stehen wir im Austausch mit der Gemeinschaft: Wir geben Arbeit und bekommen Geld dafür. Die Art unserer Berufsausübung zeigt unsere Einstellung zum spirituellen oder egozentrischen Reichtum!

Was für eine Qualität hat unsere Arbeit für die Gemeinschaft? Machen wir sie widerwillig, fremdbestimmt, lassen wir uns ausbeuten, nur um Geld zu verdienen? Wäre das nicht eine subtile Form von Prostitution: uns nur des Geldes willen zu verkaufen?! Um nicht missverstanden zu werden: GELD ist nicht das Übel, sondern die Einstellung dazu. Wer seine Arbeit nicht liebt, kann auch das Geld, das er dafür bekommt, nicht mögen. Was kann Geld dafür, wenn wir unseren Beruf nicht mögen? Geld ist in Wahrheit auch ein Potenzial!

Oder ist unsere gesellschaftliche Tätigkeit eine Form des Selbstausdrucks – oder wie wir jetzt präziser formulieren können – Ausdruck unseres Potenzials? Auf den Punkt gebracht lautet die Frage: Haben wir nur einen Beruf oder leben wir auch unsere Berufung?

Wir entfalten unsere Potenziale auf der mentalen Ebene, indem wir unsere Berufung leben: unsere Talente (aus unserem Unterbewusstsein) fördern, unsere angeborene Genialität zur Entfaltung bringen.

### Potenzial auf spiritueller Ebene

Unser Überbewusstsein ist der zweite Bündnispartner für die Entfaltung unserer schöpferischen Potenziale, unserer ganzen Lebensmöglichkeiten.

Wir verfügen sozusagen über ein inneres wie ein äußeres Potenzial: Unser inneres Potenzial, dessen Hort das Unterbewusstsein ist, birgt unsere potenziellen Gaben und Talente, unser äußeres Potenzial, zu dem wir via Überbewusstsein in Kontakt kommen können, ist das grenzenlose Schöpfungspotenzial. Stehen beide Potenziale in Harmonie miteinander, dann potenzieren sie sich. So ist es möglich, Wunder zu vollbringen!

Je mehr wir uns der Intuition öffnen, desto mehr stehen wir mit diesem »äußeren« Potenzial in Kontakt. Intuition ist der Kanal zum unerschöpflichen Schöpfungspotenzial. Wir nehmen so teil an Allmacht und Allwissenheit.

Wenn wir UNSEREN WEG gehen, dann bedankt sich unser Unterbewusstsein durch die Gefühle der Freude und

Leidenschaft, unser Überbewusstsein bedankt sich mit Ruhe und Gelassenheit, Leichtigkeit, Weisheit, innerem Gleichgewicht und Glückseligkeit.

So schöpfen wir aus dem Wertvollsten, das wir haben, so schöpfen wir Wert für die Gesellschaft und schaffen Reichtum, so handeln wir aus einem unerschütterlichen Selbstwert-gefühl, so ist auch unser persönlicher Erfolg an ethische Werte gebunden und ethisch wertvoll.

Wir brauchen uns dann keine Gedanken mehr über Moral zu machen. Unser Fühlen, Denken und Handeln ist durch und durch ethisch: das Beste und Wertvollste für uns und die Welt, wertschöpfende Reichtumsbildung aus dem grenzenlosen Potenzial.

## Übungen zum Gesetz des Potenzials

Wir möchten es Ihnen mit der folgenden Übungssequenz erleichtern, mit Ihrem Lebenspotenzial in Kontakt zu kommen. Bitte führen Sie diese Übung in der angegebenen Reihenfolge durch und wiederholen Sie sie, so oft es notwendig ist. Nehmen Sie sich Zeit dazu und lassen Sie sich durch nichts stören.

### Stille

Viele Menschen brauchen ständige Hintergrundgeräusche, haben regelrecht Angst vor dem Alleinsein und der Stille, weil sie sich nicht mit sich selbst konfrontieren wollen. Doch Stille und Alleinsein führt uns zu uns selbst.

Stille ist der Klang der Seele. Und unsere Seele ist der

Kern unseres Potenzials. Stille ist der Weg zur Seele, zu unserem Potenzial, zu unserem Zentrum, zu unserer Mitte.

Sie sollten mindestens eine Stunde (ob sitzend oder liegend) bei geschlossenen Augen absolut ruhig verbringen, ohne jegliche Musik, Ihre Aufmerksamkeit nach innen gerichtet. Lassen Sie alle Gedanken, die kommen, sanft wieder los. Achten Sie vielleicht auf Ihren Atem, ohne ihn zu beeinflussen. Werden Sie eins mit dieser Stille.

Spüren Sie in dieser Stille das bedingungslos Liebevolle, das allzeit Geborgene, die grenzenlose Sicherheit, das unerschütterliche Urvertrauen, die Leichtigkeit des Seins, die Kraft Ihrer Möglichkeiten. Spüren Sie den jubilierenden Klang Ihrer Seele in dieser Ruhe. Ein leichtes Lächeln in Ihrem entspannten Gesicht würde jetzt ganz gut passen: Eins sein mit sich selbst.

**Wünsche, Bedürfnisse, Träume, Sehnsüchte**
Schreiben Sie jetzt hemmungslos und schamlos alle Ihre Sehnsüchte, Träume, Wünsche, Bedürfnisse auf! Es kann ruhig ein Dammbruch sein, eine Überflutung!

Was erwarten Sie von Ihrem Leben? Was würden Sie bestellen, wenn es gar keine Frage wäre, dass jeder Wunsch in Erfüllung gehen könnte? Eine gute Fee schon lange darauf wartet, dass Sie ihre Wünsche endlich äußern.

Was waren Ihre Kindheitsträume? Welche Träume begleiteten Sie während Ihrer Pubertät? Wo sind sie geblieben? Was schulden Sie Ihrem Leben noch?

Und die ganz tiefen, leidenschaftlichen Sehnsüchte? Das Verlangen Ihrer Seele, ihre spirituellen Bedürfnisse? Was erwartet Ihre Seele von Ihnen? Welche Erfahrungen will sie in diesem Leben machen? Warum hat sie sich für dieses Leben entschieden? Was lässt Ihre Seele Glückseligkeit empfinden? Was macht sie so lebenshungrig?

Schreiben Sie alles auf, was Ihnen in den Sinn kommt, ohne jede Zensur, ohne Befürchtung, jemand könnte Ihre Notizen lesen.

DIE SCHAM IST VORBEI!

Wenn es Sie drängt, malen Sie dabei. Nehmen Sie verschiedene Farbstifte. Der Titel Ihres schriftlichen Ausflusses und Lebenskreation könnte lauten: LEBEN, DAS ICH MEINE!

## Vom Beruf zur Berufung

Jetzt geht es wieder erbarmungslos in die Realität: Würden Sie Ihren Beruf auch dann ausüben, wenn Sie dafür gar kein Geld bekämen? Was würden Sie tagtäglich tun, wenn Sie eine fürstliche Frührente bekämen und sich um Ihr Einkommen überhaupt keine Gedanken mehr zu machen bräuchten? Ist Ihr Beruf das, wozu Sie sich berufen fühlen?

Erstellen Sie sich drei Listen:

Die erste Liste enthält alles, was Sie wirklich gut können, wofür Sie von anderen gelobt werden (die Liste Ihrer Talente). Dabei ist es unerheblich, ob Sie damit Geld verdienen könnten. In dieser Liste könnte z. B. stehen: gut zuhören können.

Die zweite Liste ist die Liste Ihrer Freude.

Was bereitet Ihnen ganz besonders viel Freude? Wobei fühlen Sie sich richtig im Einklang mit sich selbst? In dieser Liste könnte z. B. stehen: nackt im Meer am Palmenstrand schwimmen.

Die dritte Liste ist die Liste Ihrer Fähigkeiten:
Was haben Sie gelernt? Worin sind Sie Meister/in (das muss keine berufliche Ausbildung sein). In dieser Liste könnte z. B. stehen: Arbeitsabläufe organisieren. Diese Liste wird wahrscheinlich viel mit Ihrem gegenwärtigen Beruf zu tun haben, als Vorbereitung für Ihre Berufung sozusagen.

Jede Liste sollte mindestens 20 Eintragungen enthalten und erschöpfend sein:

Schöpfen Sie jetzt aus dem Vollen, es geht um das Fördern Ihres grenzenlosen Potenzials!

Sortieren Sie diese Eintragungen dann nach ihrer Wichtigkeit. Und dann schreiben Sie auf ein Blatt die drei Bedeutendsten jeder Liste, also neun Begriffe oder Tätigkeiten. Bringen Sie diese Erkenntnis in ein für Sie passendes Bild: ein Gemälde, eine Collage, eine Kalligrafie. Schmücken Sie es aus, machen Sie daraus ein Schmuckstück.

## Meditation zur Lebensvision

Sie haben Kontakt mit Ihrem inneren Potenzial aufgenommen: Wünschen, Bedürfnissen, Träumen, Sehnsüchten, Talenten, Freuden, Fähigkeiten. Es ist der Stoff, aus dem die Lebensvision ist. Zum Empfang der Lebensvision, Ihrer Lebensaufgabe werden Sie sich Ihres ständigen Kontaktes zu Ihrem Überbewusstsein wieder bewusst.

Schließen sie dann wieder die Augen und bitten Sie Ihre innere Führung zu Gast, dem Sie bedingungslos liebenden Wesen.

Bedanken Sie sich für die Gaben und Talente, die Sie erhalten haben, für die Erkenntnisse der Dimensionen Ihres

Potenzials und bitten Sie um Ihre Lebensvision. Was ist Ihre Aufgabe? Wozu sind Sie auf dieser Welt? Wie können Sie das Verlangen Ihrer Seele »stillen«?

Als Lebensvision werden Sie wahrscheinlich kein klares Bild empfangen, sondern eine Richtung, eine Ahnung, ein erstes Vertrautwerden. Mit anderen Worten: Sie werden wohl nicht klar vor Augen haben, was Sie in zehn Jahren tun werden. Doch Ihre Lebensvision wird wie ein Leuchtfeuer sein. Sie sehen, wohin der Weg geht und können sich auf den Weg machen.

Die Antwort kann, aber muss nicht gleich erfolgen. Doch sie wird erfolgen (vielleicht in den kommenden Tagen). Eine an die innere Führung gerichtete Bitte wird nie abgeschlagen. Achten Sie auf »Merkwürdigkeiten«, »Zufälle«. Alles, was Ihnen jetzt widerfährt, hat eine Bedeutung für das Erkennen Ihrer Lebensvision!

Formulieren Sie Ihre Lebensaufgabe dann in kurzen und knappen Worten: »Meine Lebensaufgabe – meine Mission, meine Kraft und meine Chance – ist es …«. Sie formulieren Ihre spirituelle Geburtsurkunde!

# 8. Das Gesetz von Ursache und Wirkung

## Das Gesetz

Das Gesetz von Ursache und Wirkung (oder des Karmas) besagt: Nichts kommt von nichts. Wo eine Wirkung ist, da ist auch eine Ursache. Wo eine Ursache gesetzt ist, tritt auch eine Wirkung in Erscheinung. Wo Schöpfung ist, da ist auch ein Schöpfer. Wo Materie in Erscheinung tritt, ist auch ein Geist, der sie hervorgerufen hat.

Nachdem wir den Gedanken als erste Ursache (das Gesetz des Denkens) und als Form gebende Kraft (Gesetz des Potenzials) erkannt haben, bedeutet das Gesetz von Ursache und Wirkung, dass genau das in Erscheinung tritt, was ein Gedanke verursacht: nichts anderes, nichts Besseres, nichts Schlechteres, sondern genau das.

Unser Alltagsbewusstsein drückt das Gesetz so aus: »Wir ernten, was wir säen.« »Jeder ist seines Glückes Schmied.« »Wie man in den Wald hineinruft, so schallt es auch heraus.«

Das Gesetz von Ursache und Wirkung ist von unbestechlich zwingender Logik, ja das Grundgesetz der Logik überhaupt. Es ist als »Kausalitätsprinzip« durch die postmoderne Kritik am logisch-rationalen Denken zwar etwas in Verruf geraten, doch an diesem Gesetz führt kein Weg vorbei. Gerade in unserem Alltagsdenken berücksichtigen wir dieses Gesetz noch viel zu wenig.

Das Gesetz von Ursache und Wirkung kann uns die Augen öffnen. Es ist ein machtvolles Werkzeug unserer Schöpfungskraft.

Es gibt uns in zweierlei Hinsicht die Vollmacht über unser Leben zurück:

Einerseits bedeutet das Gesetz in letzter Konsequenz: Alles, was uns in unserem Leben widerfährt, haben wir in irgendeiner Form selbst verursacht! Wir sind in Wirklichkeit nie hilflose, armselige, erbärmliche Opfer. Wir lassen es vielmehr zu, als Opfer behandelt zu werden. Die Türen unserer Ausbeutung durch andere stehen dann sperrangelweit, gar einladend offen. Wenn ich schlecht behandelt werde, dann lasse ich es zu, schlecht behandelt zu werden. Wenn mir etwas Unangenehmes passiert, dann habe ich es irgendwie in mein Leben gezogen und bin dafür mitverantwortlich!

Das Gesetz von Ursache und Wirkung lässt nicht mit sich diskutieren. Seine Logik ist zwingend und unbestechlich: Entweder anerkenne ich seine Wirkung und kann es für meine Befreiung aus Abhängigkeiten nutzen oder ich drücke mich vor den Konsequenzen des Gesetzes. Dann werde ich so lange weiter leiden müssen, bis ich das Gesetz in seiner ganzen Macht annehme und für mich nutze.

Wer diese tiefe Konsequenz aus dem Gesetz von Ursache und Wirkung wirklich erkennt, hat sich von allen (billigen) Ausflüchten befreit und kann sein Leben bewusst in die Hände nehmen: Ich habe die Macht, die Rolle des Opfers zu spielen, ich habe aber auch die Macht, das Leben nach meinen Wünschen und Bedürfnissen zu gestalten. Es ist meine Entscheidung: das oder das. Es liegt in meiner Hand, in meiner Entscheidungsfreiheit, welchen Weg ich gehe: den Weg, mein Leben fremd bestimmen zu lassen, oder den Weg, mein Leben selbst zu bestimmen.

Andererseits bedeutet das Gesetz: Ich kann in meinem Leben in Erscheinung rufen, was immer ich will (einen passenden Beruf, eine ideale Partnerschaft, vollkommene Gesundheit…), ich muss nur mit meinen Gedanken die richtigen Ursachen setzen.

Dann hat das Leben keine andere Chance, als mir ganz genau das Bestellte auch zu liefern! Solange ich nicht das bekomme, was ich beabsichtige, habe ich noch einen Fehler in der Bestellung gemacht.

Und wie viele Fehler werden bei diesen Bestellungen an das Leben gemacht, weil wir das Gesetz von Ursache und Wirkung in seiner konsequenten Art unterschätzen. Wir sind nicht konsequent, warum sollten wir unbestechliche Konsequenz vom Leben erwarten?

Wir bestellen beim Leben häufig, was wir nicht wollen: keine Ehe wie meine Eltern führen, keine Kopfschmerzen mehr haben, mit der Firma nicht Pleite machen, bloß keinen Fehler machen… Doch wie soll das Leben auf »Negativbestellungen« reagieren?! Stellen Sie sich vor, Sie bestellen bei einem Versandhaus per Karte: KEINE HOSE! Was glauben Sie, was Sie zugeschickt bekommen? Natürlich NICHTS! (»Nichts« ist allerdings auch »keine Hose«.) Aber das ist ja nicht der Sinn der Sache. Das Leben liefert nur das (als Wirkung), was wir positiv, klar und präzise bestellen (die Ursache).

Ein anderer häufig gemachter Fehler ist es, statt »negativer Bestellungen« falsche Bestellungen aufzugeben.

Sie wollen ein schwarzes Kleid bestellen, kreuzen auf dem Bestellzettel aber die Farbe »rot« an. Was wird Ihnen geliefert? Das, was Sie bestellen wollten (das Kleid in schwarz), oder was Sie versehentlich, doch faktisch bestellt haben (das Kleid in rot).

Nun, die Frage ist nicht wirklich ernst gemeint, niemand wird bei der Antwort zögern. Aber so leben wir! Wir wundern uns immer wieder (oder auch nicht), dass das Leben präzise das liefert, was wir bestellen: »Das wird bestimmt nicht gut gehen …« (geht es dann auch nicht!), »Ich kann es ja mal versuchen …« (ist dann auch nicht mehr als ein Versuch), »Das ist zu schwer …«, »Das schaffe ich nie …«, »Das lerne ich nie …«, »Ob ich das wohl durchhalte? …«, »Dafür brauche ich viel Zeit …«, »Was bin ich blöde! …«, »Ich habe keine Ahnung! …« (Können Sie weiterführen!)

Das Gesetz von Ursache und Wirkung nimmt uns hundert Prozent beim Wort, und wir sollten sehr achtsam sein, welche Worte wir wählen. Wenn wir beim Leben bestellen und als Ursache setzen: »Ich WILL Erfolg!«, dann werden wir Zeit unseres Lebens Erfolg WOLLEN, aber nicht HABEN.

Am klarsten setzen wir eindeutige Ursachen, indem wir Ziele formulieren und Pläne erstellen. Das ist unsere präzise und eindeutige Bestellung an das Leben!

Das Gesetz von Ursache und Wirkung wird in spiritueller Literatur auch »das Gesetz des Karmas« genannt. Es verdient hier Erwähnung, aber wir werden es nicht weiter ausführen. Statt uns Gedanken über ein Leben nach dem Tode zu machen, sollten wir uns Gedanken darüber machen, wie es ein LEBEN vor dem Tod geben kann.

Das Gesetz des Karmas geht von der Wiedergeburt aus und weist darauf hin, dass unser aktuelles Leben selbst eine Wirkung aus den vergangenen Leben ist. Dinge, die wir uns absolut nicht erklären können, könnten so eine Erklärung finden: Die gesetzte Ursache liegt nicht in diesem, sondern im letzten Leben. Wir tragen noch an den Folgen der vergangenen Inkarnation.

## Die Rolle des Gesetzes für das Erfolgsbewusstsein

Das Gesetz von Ursache und Wirkung ist DAS ERFOLGS-GESETZ überhaupt: Denn Erfolg ist immer das, was zwingend und eindeutig erfolgt, eine Wirkung auf eine Ursache! Wenn auf eine Ursache keine Wirkung erfolgte, könnte auf eine Handlung auch kein Erfolg folgen. Das Gesetz von Ursache und Wirkung macht Erfolg überhaupt erst möglich. Wo nichts zwingend erfolgen müsste, könnte es auch keinen Erfolg geben; wo keine Folge, da auch keine Erfolge. Wo kein Misserfolg, da auch kein Lernen aus Fehlern.

Das egozentrische Erfolgsdenken übertreibt wieder die Rolle des eigenen Willens (als das willentliche Setzen von Ursachen), die Rolle von Zielen und Plänen. Präziser noch: Wenn das Zentrum von Willen, Zielen und Plänen das EGO ist, und das EGO das Koordinatensystem, dann kann das nicht auf Dauer und nachhaltig funktionieren.

Denn wo das EGO seinen Willen gegen Widerstand und mit (mehr oder weniger ) Druck und Gewalt durchsetzen will, da provoziert es Abwehr und erreicht häufig genau das Gegenteil von dem, was eigentlich beabsichtigt war. Und wenn es auf ein anderes starkes EGO stößt, dann ist Kampf und Krieg angesagt, wer sich wohl am Ende durchsetzt, wer der »Bestimmer« ist.

Bei dem Erstellen von Zielen und Plänen überschätzt sich das Ego (in seiner Omnipotenz und seinem Machbarkeitswahn) häufig. Es berücksichtigt keine anderen Wirkungsgefüge, sondern setzt rücksichtslos seine eigenen Ziele und Pläne. Über kurz oder lang ist alles Makulatur und: »Es kommt immer alles anders als EGO denkt.«

Das spirituelle Erfolgsbewusstsein setzt nicht das EGO zum Maßstab des Willens, der Ziele und Pläne, sondern sozusagen den Schöpfungsplan. Dabei steht im Zentrum kein präzise ausformulierter, starrer Plan, sondern die VISION. Was für das egozentrische Erfolgsdenken der Plan, ist für das spirituelle Erfolgsbewusstsein die Vision. Der Plan wird von einem Ego ausgedacht, die Vision dagegen intuitiv empfangen.

Die Vision ist das Leuchtfeuer auf meinem Weg, das mir hilft, nicht in die Irre zu gehen. Auf diesem Weg zur Vision ist der WEG selbst wichtig, MEIN Lebensweg. »Der Weg ist das Ziel« heißt es dabei im wohlverstandenen Sinne. Während egoistisches Erfolgsdenken Ziele anvisiert, findet spirituelles Erfolgsbewusstsein auf dem Weg zur Vision selbst die Erfüllung. »Auf meinem Weg bleiben« ist das Entscheidende.

Jeder Schritt ist bereits eine Erfüllung, die nächsten Ziele, die ich dabei verfolge, empfange ich fast täglich und intuitiv.

Spirituelles Erfolgsbewusstsein lehnt keine Ziele und Pläne ab (es sind vielmehr die präzisen Bestellungen an das Leben), sondern ordnet sie unter Vision und Weg.

**Ursache und Wirkung auf emotionaler Ebene**
Jedes Gefühl ist eine Wirkung und als Wirkung ein Signal, wesentlicher Bestandteil in der Sprache des Lebens. Unsere Gefühle sollten uns keine Fremdsprache sein, sondern un-

sere vertraute Muttersprache. »Was will dieses Gefühl mir jetzt sagen? Welche Ursache hat dieses Gefühl als Wirkung hervorgerufen?«

Viele Gefühle werden durch Gedanken gezeugt – Gedanken, die Energie angenommen haben und sich durch unseren Körper bewegen.

Wut ist ein solches gedankliches Gefühl: Was macht mich wütend? Ist es meine Hilflosigkeit in der Situation? Was macht mich so hilflos? Was fehlt mir jetzt, was hilft mir jetzt? Hast du Grenzen verletzend überschritten, die du nicht respektiert hast? Warum habe ich da Grenzen? Warum hast du sie überschritten? Warum fühle ich mich verletzt?

Schuld ist ein gedankliches Gefühl: Wofür fühle ich mich schuldig? Welcher Gedanke will mir einreden, ich sei schuldig? Wer profitiert davon und hat ein Interesse daran, dass ich mich schuldig fühle?

Freude ist ein anderes gedankliches Gefühl: Was versetzt mich jetzt so in Freude? Andere Menschen? Mein Tun? Ist es echte, leise und anhaltende Freude? Oder die überschäumende Euphorie eines Strohfeuers? Wie kann ich die Freude aufrechterhalten?

Mit jedem Gefühl setzen wir aber auch selbst wieder eine Ursache! Wir müssen dabei auf Wut nicht mit Wut reagieren! Wenn wir Wutenergie von einem anderen aufnehmen (und an etwas anderem abgeleitet haben), dann können wir das zurückgesendete Gefühl auch transformieren und die Situation heilen. Denn wir können immer unser Denken zwischen Gefühle schalten, wenn wir nicht jähzornig und cholerisch wie automatische Instinkte von unseren Gefühlen beherrscht werden.

Mit welchen Gefühlen möchte ich anderen Menschen begegnen? Mitgefühl? Verständnis? Aufmerksamkeit? Vertrauen? Freude? Zuversicht? Mut? Was bewirke ich damit im anderen Menschen? Wie reagiert er darauf? Wie ändert sich die Situation, wenn ich meine Gefühle ändere? Was kann ein Lächeln in der Situation bewirken? Was bewirke ich mit ganz unerwarteten Reaktionen?

**Ursache und Wirkung auf mentaler Ebene**
Unsere Gedanken wirken dann schöpferisch, wenn wir sie ganz bewusst als Ursache setzen und eine Folgekette ins Leben rufen: Auf den schöpferischen Gedanken folgt das Ziel, folgt der Plan und folgt die Tat.

Sobald ein Resultat erzielt ist, wird es mit der Absicht verglichen. Ist die Wirkung die, die ich beabsichtigt hatte? Stimmen Resultat und Absicht nicht überein (häufig wird diese Diskrepanz Fehler oder Misserfolg genannt), dann folgt ein Lernprozess: Ich verändere das Ursache-Wirkungsgefüge so, dass ich das beabsichtigte Resultat auch erreiche.

Viele Menschen gehen diesen Weg nicht konsequent zu Ende. Schon nach dem ersten Versuch geben sie auf, statt beharrlich mit der Kraft der Logik (und häufig auch der Intuition) den Fehler zu erkennen und das Ziel endlich auch zu erreichen. Denn gerade das Gesetz von Ursache und Wirkung ermöglicht es uns, aus Fehlern zu lernen, sie eindeutig und logisch zu analysieren und eine befriedigende Lösung zu finden. Ohne dieses Gesetz könnten wir nur im Nebel stochern. Und wenn wir das Gesetz nicht kennen und bewusst anwenden, dann wird unser Leben tatsächlich zu einer Wanderung im Nebel.

Je meisterhafter wir mit dem Gesetz von Ursache und Wirkung umgehen können, desto unmittelbarer und fehlerfreier erfolgt das, was wir verursachen. Ich rufe etwas hervor und schon ist es da. Völlig mühelos, losgelöst.

Die hohe Schule im Umgang mit dem Gesetz von Ursache und Wirkung ist es, etwas absichtslos geschehen zu lassen. Nicht bewusst und willentlich etwas hervorzurufen, sondern es geschehen lassen können, weil ich vollkommen im Einklang mit der Schöpfung bin.

### Ursache und Wirkung auf spiritueller Ebene

Ein großes Thema von Ursache und Wirkung ist das Thema Zufall. Uns passieren die seltsamsten »Zufälle« und sie scheinen irgendwie »vom Himmel zu fallen«, als ob wir damit nichts zu tun hätten. Mit anderen Worten: Zufälle erleben wir als eine Wirkung, für die wir keine Ursache erkennen können.

Warum fällt mir gerade dieses Buch in die Hand? Warum habe ich jetzt diesen Menschen getroffen? Warum ereilt mich unpässlicherweise gerade jetzt diese Krankheit? Warum passiert mir ausgerechnet jetzt dieser Unfall? – Zufall?!

Doch da es keine Wirkung ohne Ursache gibt, gibt es letztlich auch keine Zufälle. Jeder Zufall fällt mir zu, da ich ihn irgendwie hervorgerufen habe. Was will dieser Zufall mir jetzt sagen? Warum geschieht er? Womit habe ich ihn verursacht und hervorgerufen?

Da mir dieser Wirkungszusammenhang ja nicht bewusst ist, kann ich den mir zufallenden »Zufall« ja nicht bewusst verursacht haben. Die Ursache liegt auch nicht auf der emotionalen Ebene, sondern auf der Ebene des Überbewusstseins.

Häufig spricht die Seele durch Zufälle mit uns. Solche Zufälle meinen es immer verblüffend gut und erweisen sich am Ende immer als ein Geschenk. Häufig lernen wir erst durch Leiden, und das Geschenk des Zufalls ist nicht sofort erkennbar.

Zufälle gehören wie Gefühle zur Sprache des Lebens, die wir verstehen und dankbar annehmen sollten. Sie sind wie eine Inspiration ein Hinweis, eine Hilfe, ein Anstoß, ein Impuls aus dem Überbewusstsein, das uns aus unserer Selbstgefälligkeit reißen und voranbringen will.

## Übungen zum Gesetz von Ursache und Wirkung

Bei den Übungen zum Gesetz von Ursache und Wirkung geht es vor allen Dingen darum, ein für alle Mal die Opfermentalität abzulegen und Herrscher und Meisterin des eigenen Lebens zu werden. Das Gesetz von Ursache und Wirkung ist eines der größten Geschenke, die wir vom Leben dankbar entgegennehmen können, denn es gibt uns alle Macht über unser Leben.

### Affirmationen zur Selbstverantwortung

Mit der Übernahme der uneingeschränkten Verantwortung für das eigene Leben ohne jede Aus-flüchte (das ist immer eine Flucht vor mir selbst!) beginnt eine neue Epoche. Es ist eine spirituelle Neugeburt von Abhängigkeit zur Selbstbestimmung, dem Leben, wie es gemeint ist.

Verantwortung übernehmen ist die ANTWORT auf die Frage des Lebens: Wer bist du? Wer willst du sein? Was willst du aus dir machen? Wann findest du dich?

**Wir empfehlen Ihnen als Affirmationen der Neugeburt:**
- Ich bin für mein Leben selbst verantwortlich und nehme es ohne Ausflüchte in meine Hände!
- Ich lebe selbstverantwortlich, selbstbewusst, selbstbestimmt, selbstständig.
- Meine Selbstverantwortung gibt mir eine große Freiheit und Macht und ich bin überaus dankbar dafür.
- Ich bin verantwortlich für das Wohlergehen meines Körpers, für den Ausdruck meiner Gefühle, für mein konstruktives und kreatives Denken für Sinn, Werte und Visionen meines Lebens.
- Ich übernehme bewusst und freudig die Verantwortung für mein persönliches Wachstum meine spirituelle Entfaltung mein seelisches Heil.
- Ich erkenne, dass alles, was mir widerfährt zu meinem Besten ist, auch wenn ich manchmal Zeit brauche, es zu erkennen.
- Ich lasse die Vergangenheit in Frieden und Vergebung los. Alles ist gut, so wie es ist.
- Ich habe genau die Eltern, die ich für meinen Lebensweg brauchte und bin dankbar für ihre Lektionen.
- Ich wachse, indem ich meinen Verantwortungsbereich immer weiter ausdehne.
- Ich bin auch verantwortlich dafür, dass die Menschheit die aktuelle Krise überlebt und tue mein Bestes dafür.

## Ärger umerleben

Wir ärgern uns immer wieder über Dinge und fallen dann wieder voll und ganz in die Opferrolle: Opfer dessen, was uns da ärgert, Opfer aber auch unseres eigenen Ärgers, unserer unkontrollierten, vielleicht übertriebenen Reaktionen. Wir sollten deshalb lernen, unsere »emotionalen Konditionierungen« umzuprogrammieren. Das Umerleben des Ärgerns ist eine Methode, mit der wir auch andere Gefühle, die nicht mehr zu uns passen, loslassen können.

Ärger können wir nicht bekämpfen (es ist im gewissen Sinne ein ganz natürliches Gefühl), denn alles, was wir bekämpfen, werden wir nicht los und bleibt unser »LOS«. Ärger zeigt einfach, dass wir mit irgendetwas nicht im Einklang sind und ist ein Signal des Lebens wie alles andere auch. Doch Ärger sollte nichts ärger machen. Wir wollen lernen, dass ein Gefühl, dessen Wirkung wir erfahren (den Ärger), nicht in eine Gefühlseskalation ausarten muss. Wir können verursachen, dass wir uns in einer ärgerlichen Situation weniger oder gar nicht mehr ärgern müssen.

Auf eine ärgerliche Situation nicht mehr ärgerlich, sondern gelassen zu reagieren, können wir nur üben, bevor die Situation eintritt! In der Situation selbst ist es zu spät.

Also fragen Sie sich jetzt: Was bringt mich immer wieder in Rage? Welche ärgerlichen Situationen würde ich mir gerne ersparen? Was ist ganz genau die auslösende Situation und was meine typische Ärger-Reaktion darauf? Was nervt mich eigentlich ganz genau? (Bitte formulieren Sie die Frage am besten aus!) Ist meine Reaktion die einzig mögliche und denkbare? Wie würde ein gelassener Mensch, den ich bewundere, in dieser Situation reagieren? Was müsste ich tun, damit ich jetzt in der Situation anders reagieren kann?

Wenn Sie die gedankliche Alternative zu Ihrem starren Ärger-Muster gefunden haben, dann spielen Sie die Situation gedanklich immer wieder durch, die Situation anders erleben und anders reagieren! Sie setzen in Ihrer Vorstellung durch Ihre neue Einstellung eine Ursache dafür, dass Sie jetzt gelassen und souverän reagieren können. Erleben Sie innerlich diese Situation immer wieder neu, bis Sie tatsächlich in der gegebenen Situation gelassen und souverän reagieren!

## Ziele setzen

Sie sollten inzwischen Klarheit über Ihre Lebensvision haben. Welche Ziele, Pläne und Maßnahmen ergeben sich daraus? Welche Ursachen wollen Sie setzen, um Ihre Vision Realität werden zu lassen? Beachten Sie dabei, dass Sie Ihre Ziele für alle Lebensbereiche bestimmen: Ihre körperliche Gesundheit und Fitness, Ihren Beruf und Ihr Einkommen, die Art des Zusammenlebens mit anderen Menschen (Lebenspartner, Familie), Ihren Wohnbereich (Land, Gegend, Ort).… Das geschriebene und immer wieder nachgelesene Wort als Zielsetzung setzt Ursachen viel präziser! So können Sie auch leichter lernen und Korrekturen anbringen.

## Zufälle deuten

Bitte erstellen Sie sich eine Liste aller »Merkwürdigkeiten«, die Ihnen in letzter Zeit widerfahren sind, was Sie als merkwürdige Zufälle noch in Erinnerung haben.

Und jetzt deuten Sie diese Zufälle nach den Fragen: Was

wäre, wenn meine Seele wie mit unsichtbarer Hand diese
Zufälle zu meinem Besten in meinem Leben arrangiert hat?
Was würde mir meine Seele damit sagen wollen?

# 9. Das Gesetz der Analogie

## Das Gesetz

Das Gesetz der Analogie oder Entsprechung besagt: Wie oben, so unten, wie unten, so oben. Wie im Kleinen, so im Großen. Wie innen, so außen.

(Es ist das berühmte Gesetz des Hermes Trismegistros.)

Auf allen Ebenen des Kosmos haben die Gesetze die gleiche Gültigkeit. Grundgesetze sind eben deswegen Grundgesetze, da sie auf allen Ebenen des Seins gleichermaßen wirken: wie im Großen so im Kleinen, wie innen, so außen, wie oben, so unten. Der Kosmos (von der Antike verstanden als die »göttliche Ordnung«) funktioniert nach den gleichen Gesetzen, weil alles miteinander vernetzt ist und ein einheitliches Ganzes bildet.

Uns hat in der Schule die Ähnlichkeit des Atommodells (Mikrokosmos) mit dem Modell eines Sonnensystems (Makrokosmos) schon immer fasziniert: wie um einen relativ massiven Kern (sei es die Sonne oder der Atomkern) »Planeten« (Elektronen) in elliptischen Bahnen kreisen.

Oder ein anderes Beispiel: Es heißt in der Bibel, wir seien geschaffen nach dem »Ebenbild Gottes«, sozusagen »Götter im Taschenbuchformat«. Das ist doch noch viel faszinierender! Jeder verfügt über die göttlichen Kräfte eines Schöpfers, kann Wunder vollbringen, kann seine eigene Welt erschaffen: wie oben, so unten, »wie im Himmel, so auf Erden«. GOTT reproduziert sich in uns, durch uns, mit uns, über uns, unter uns.

Oder nehmen wir unsere Innen- und Außenwelt! Das Gehirn ist das komplexeste Organ, das wir kennen. Es ist das »Universum in uns«.

Es gibt theoretisch mehr Möglichkeiten, unsere Nervenzellen zu verbinden, als es Atome auf diesem Planeten gibt! Die weltweite Vernetzung der Computer durch das Internet ist gegenüber der Vernetzung unserer Gehirnzellen noch in einem hoffnungslos embryonalen Stadium.

Hier können wir zu einer überaus spannenden Analogiebildung kommen! Wir wissen: Die Vernetzung der Gehirnzellen ist für unser Bewusstsein überaus bedeutsam. Nicht die Anzahl der Gehirnzellen macht die Qualität des Gehirns aus, sondern die Vernetzung und Art ihrer Vernetzung. Dies geschieht beim Menschen prägend vor allem in den ersten Lebensjahren: dem aufrechten Gang, der Aneignung der Sprache (das erste: »Nein!« des Kleinkindes, was für ein herrliches Bewusstsein!).

Ähnliches (Analoges, Entsprechendes) vollzieht sich zur Zeit auf globaler Ebene. Wir könnten sagen, die Menschheit ist in ihrem Krabbelalter! (Dachten Sie etwa, die Menschheit wäre schon weiter?!) Sie beginnt sich über das Internet zu vernetzen, eine gemeinsame Sprache und gemeinsames Bewusstsein zu entwickeln, selbstbewusst zu werden, zu sagen: So kann es nicht weitergehen!

In der Tat: Mit der Vernetzung der Menschen über das Internet wird die Hardwarestruktur für ein völlig neues menschliches Bewusstsein sorgen. Es ist das Medium.

Bei der Bildung des Gedächtnisses ist es schon überaus deutlich: So wie unser Gehirn im Gedächtnis unser Wissen speichert, so speichert das Internet das Wissen der Menschheit: wie in unserem Gehirn, so in der Welt, wie innen so außen.

Neben dem linearen Gesetz von Ursache und Wirkung ist das Gesetz der Analogie das Gesetz der Vernetzung, das Gesetz der Ganzheit, das »holistische« Gesetz: Das Große existiert im Kleinen. Was ich im Kleinen erkenne, kann ich für das Große erahnen.

Das Gesetz der Analogie oder Entsprechung erlaubt für unsere Erkenntnisse Schlussfolgerungen (auch eine Art von Erfolg!). So können wir uns über unsere begrenzten sinnlichen Erfahrungen erheben, verallgemeinern, Vermutungen anstellen, Hypothesen bilden, uns an Neues anpassen!

Die ganze Welt unseres Unterbewusstseins, unserer Gefühle ist eine Welt von Assoziationen. Ich erlebe nie eine Situation identisch ein zweites Mal. Jeder Augenblick ist einmalig. Und doch brauche ich mich nicht auf jede Situation völlig neu einzustellen, sondern kann durch Assoziationen, Analogiebildungen auf Erfahrenes zurückgreifen und reagieren, als hätte ich diese Situation schon häufig erlebt und kann mich so souverän verhalten.

Ein wichtiger Aspekt des Gesetzes sei noch erwähnt: Die Reaktion auf mein Handeln muss nicht eins zu eins auf gleicher Ebene erfolgen. Es gibt sozusagen Analogiereaktionen:

Gebe ich einem Menschen viel, muss ich es nicht unbedingt von diesem Menschen zurückbekommen. Die Wiederherstellung des Gleichgewichtes von Geben und Nehmen kann auch über andere Menschen erfolgen, und ich bin in einem anderen Kreis mehr derjenige, der empfangen darf.

Oder ich gebe einem Menschen Input auf mentaler Ebene

und bekomme meinen Einsatz für den anderen auf emotionaler Ebene zurück, auch wenn dabei oft »Äpfel mit Birnen« verglichen werden müssen. Doch so funktioniert Austausch! Ich gebe Arbeit und bekomme Geld.

## Die Rolle des Gesetzes für das Erfolgsbewusstsein

Erfolg beginnt im Kleinen. Wer nicht im Kleinen durch die bewusste Anwendung des Gesetzes von Ursache und Wirkung das zu erzielen lernt, was er beabsichtigt, der wird auch im Großen keine Erfolge erreichen können. Ein erfolgreiches Leben setzt sich aus unendlich vielen erfolgreichen Tagen zusammen. Wir sollten jeden Tag darauf achten, das Begonnene erfolgreich zu Ende zu führen. Ordnen wir die kleinen Dinge, so ordnen wir auch das Leben.

Das egozentrische Erfolgsdenken sieht nur den großen Erfolg, das Resultat unter dem Strich ist wichtig. Das Große macht Erfolg auf Kosten des Kleinen. Der Gewinn der Großen erfordert den Verlust der Kleinen. Die Macht und Selbstständigkeit der wenigen gründet sich auf die Ohnmacht und Abhängigkeit der vielen. Der Sieg des Kollektivs erfordert das Opfer der vielen Einzelnen bis hin zur Selbstaufgabe und der Aufopferung im Krieg.

Das spirituelle Erfolgsbewusstsein dagegen macht keinen Unterschied zwischen meinem und deinem Erfolg, zwischen weiblichem und männlichem Erfolg, zwischen dem Erfolg der Großen und dem Erfolg der Kleinen, dem Erfolg der einen Abteilung und dem Erfolg der anderen, zwischen dem Erfolg der Führungsebene und dem Erfolg der Mitarbeiter.

Ein Unternehmen (Familie, Firma, Staat) kann als Ganzes

nur dann wirklichen und dauerhaften Erfolg haben, wenn jede Ebene, jede Abteilung, jedes Team, jeder Mitarbeiter Erfolg hat. Der Erfolg des Ganzen ist der Erfolg eines jeden Teils. Der Erfolg eines Unternehmens ist wie eine Pyramide, die aus lauter Erfolgsblöcken aufgebaut wird, ein solides, breites Fundament ist dabei empfehlenswert.

**Analogie auf emotionaler Ebene**
Das Unterbewusste ist ein Netz von Assoziationen und Mustern. Das Unterbewusstsein funktioniert im Wesentlichen in vernetzten Analogien (wie das neuronale Netz), denn es ist nicht wirklich verbal und damit linear. Zu diesen Analogien gehören Bilder, Gefühle, Träume, Fantasien, Märchen, Metaphern, Klangmuster, Musik.

Wir hören eine bestimmte Musik und assoziieren damit das fließende Wasser der Moldau. Wir sehen ein Gemälde mit vielen Farbklecksen, erkennen darin mit einem Mal die Farbenpracht einer Kräuterwiese und sehen plötzlich auch die Natur mit anderen Augen. Wir lesen ein Märchen und plötzlich haben wir eine Antwort auf eine wichtige Frage des Lebens. Wir haben einen erregenden Traum und erkennen plötzlich seinen Sinn. Alles vernetzte Analogien!

Das Unterbewusstsein beeinflussen wir deshalb am besten durch die Verwendung seiner eigenen Sprache, die Sprache der Analogie, der Muster, der Bilder. (Wir kommen beim Gesetz der Imagination darauf zurück.)

**Analogie auf mentaler Ebene**
Analogiebildung ist eine wichtige (auch wissenschaftliche) Methode, Erkenntnisse zu gewinnen.

Durch eine Analogie stelle ich eine Hypothese auf und überprüfe sie. (Ist sie falsifizierbar oder verifizierbar?) Machen wir dies an einem spannenden Beispiel deutlich!

Wir haben uns als bewusstes Wesen erkannt! Wir kennen also Bewusstsein auf der Ebene des Menschseins. Fragen wir uns aber, wie sich dieses Bewusstsein zusammensetzt! Wo ist es genau zu einzuordnen? – Im Gehirn!, ist die sicher nicht falsche, aber doch unbefriedigende Antwort.

Dies in dieser ausschließlichen Weise anzunehmen, hätte fatale Konsequenzen! Denn alles, was kein Gehirn hätte, könnte auch nicht ein Fünkchen von Bewusstsein haben. Doch das Gehirn ist ja keine einheitliche Masse, sondern strukturiert. Wir verfügen z. B. über ein »Reptiliengehirn«. Findet auch da Bewusstsein statt? Wenn ja, haben Reptilien dann auch eine rudimentäre Art von Bewusstsein? Denken wir weiter! Wenn das Gehirn über Bewusstsein verfügt, warum nicht auch das Herz?

Wenn wir diese Fragen konsequent weiterdenken, haben wir keine Chance, den Ort unseres Bewusstseins präzise zu bestimmen. Alles gehört dazu, selbst unsere Aura, das Energiefeld, das uns umgibt, gehört (höchstwahrscheinlich) zu unserem Bewusstsein!

Wir wissen inzwischen, dass man einen vollständigen Organismus aus einer einzigen Zelle klonen kann (auch ein sehr nachdenkenswertes Beispiel für das Gesetz der Analogie). Wenn ich aus einer Herzzelle (noch theoretisch) einen ganzen Menschen klonen kann, dann wird doch auch diese Herzzelle bereits Bewusstsein haben! Dann (und nichts anderes heißt ja das Gesetz der Analogie!) hat auch die kleinste Einheit (wie ein Hologramm) bereits Bewusstsein.

Betrachten wir es von der anderen Seite! Unser Gehirn ist mit seinen Gehirnzellen und Vernetzungen sicher das in seiner Struktur komplexeste Organ. Doch wir können davon ausgehen, dass jede unserer 80 Billionen Körperzellen Bewusstsein hat, Teil unseres Selbstbewusstseins ist! Unser Selbstbewusstsein ist sozusagen das Gesamtbewusstsein vieler zellulärer Einzelbewusstseine! Das ist sicherlich zur Zeit noch mehr eine wissenschaftliche Hypothese, als dass dies bereits bewiesen wäre. Aber es ist ein Beispiel, wie über Analogiebildung neue, spannende Erkenntnisse gewonnen werden können.

Aber das ist ja erst die eine Seite: Das Gesetz der Analogie legt den Schluss nahe, dass auch die Teilsysteme des Ganzen über Bewusstsein verfügen. Aber ist nicht andererseits jeder einzelne Mensch selbst wieder ein Teilsystem eines übergeordneten Ganzen? Verfolgen wir das Gesetz der Analogie am Beispiel des Bewusstseins doch jetzt auch in die andere Richtung!

Bewusstsein hört nicht an unserer Ich-Grenze auf. Nehmen wir zunächst einmal zwei Menschen, die sich sehr innig lieben. Bei einem solchen Paar verbindet sich nicht nur das Bewusstsein zweier Menschen, sondern entfaltet sich ein ganz neues Bewusstsein, ein WIR-Bewusstsein. Das Paar hat ein neues, eigenes Bewusstsein, was mehr ist als die Summe beider, es hat eine eigene Identität! Das Paar denkt und fühlt als Paar, das Gemeinsame scheint sogar besonders auf der Ebene des Überbewusstseins beheimatet zu sein. Telepatische Beziehungen zwischen Paaren sind schon als normal zu sehen: Jeder weiß vom anderen, was los ist, als ob man Gedanken lesen könnte. Wenn wir von einem

»Paarbewusstsein« sprechen können, dann drängt sich die Frage auf: Wo ist das »Organ«, das der Hort dieses Paarbewusstseins ist? Vieles gehört dazu: vielleicht eine gemeinsame Wohnung mit ihrer Einrichtung, Erinnerungen an gemeinsame Urlaube, andere sehr intime Erlebnisse. Alles das ist Teil des einen Bewusstseins. Aber wo ist das Organ, das »Paar-Gehirn« sozusagen? Vorsichtige Antwort: Es ist ein energetisch hoch schwingendes Informationsfeld, die »Paar-Aura«.

Wenn wir Bewusstsein aber nicht nur an dem Gehirn eines einzelnen Menschen festmachen können, dann können und müssen wir noch weiter gehen: Auch eine Familie kann ein Bewusstsein haben! Eine Firma. Ein Volk. Die Menschheit!

Eine überaus interessante These ist die Frage: Hat möglicherweise sogar der Planet Erde als »GAIA« eine Art Bewusstsein? Könnten wir Menschen sozusagen die »Gehirnzellen« des Planeten sein? Vollzieht sich zur Zeit über das Internet die Vernetzung dieser Gehirnzellen? Alles überaus spannende Fragen, die zeigen: Die Evolution ist noch lange nicht zu Ende. Es ist gerade erst »Halbzeit« und wir vollziehen den »nächsten Evolutionssprung«: Vom Selbstbewusstsein des Menschen über das Selbstbewusstsein der Menschheit zum Selbstbewusstsein des Planeten!

Noch sind das alles nur Hypothesen, die uns das Gesetz der Analogie nahelegen: Wie im Kleinen, so im Großen!

## Analogie auf spiritueller Ebene

Das Gesetz der Analogie mahnt uns auf der spirituellen Ebene:

Willst du die Welt heilen, heile dich selbst!
Willst du die Welt erkennen, erkenne dich selbst!
Willst du andere lieben, liebe dich selbst!

Vielleicht erkennen wir die ganze Tiefe des Gesetzes der Analogie in dem Vers der Bibel: »Was du den Geringsten meiner Brüder getan hast, das hast du MIR getan!«

## Übungen zum Gesetz der Analogie

Sobald wir uns mit dem Gesetz der Analogie beschäftigt und seine Faszination erkannt haben, gehen uns immer mehr die Augen auf, mit welch vielfältigen Bildern das Leben mit uns spricht. Wir müssen lernen, diese Symbolik zu deuten, die Sprache des Lebens zu verstehen.

### Die Sprache Ihres Körpers

Ganz besonders wichtig ist es, die Sprache des Körpers zu verstehen. Er ist eine Inkarnation (»Fleischwerdung«) des Gesetzes der Analogie und der Entsprechung.

Vor allen Dingen Krankheiten haben eine Bedeutung als Signal des Köpers und sind zu deuten. Diesen Bereich der Sprache des Lebens sollte jeder deuten und verstehen lernen. Wir sollten doch wohl verstehen können, was unser Körper uns zu sagen hat?!

Machen Sie sich eine Liste aller körperlichen »Signale«, die Sie wahrnehmen. Das sind nicht nur Krankheiten im klassischen Sinne, sondern auch weniger dramatische Signale. Dann besorgen Sie sich ein Buch, das die Bedeutung von Krankheiten deutet. Es ist so wichtig wie eine Hausapotheke und sollte in keinem Haus fehlen.

Und dann lesen Sie nach, was »Übergewicht« zu bedeuten hat, »Heuschnupfen«, »Schweißfüße«, »Gicht«, »Herzrhythmusstörungen«, »Kurzsichtigkeit« ... Und was Sie alles sonst noch auf Ihrer Liste haben! Stellen Sie sich so eine »Diagnose« zusammen. Wahrscheinlich werden Sie nicht alles sofort verstehen, aber mit der Zeit werden Sie verblüfft sein, was Ihr Körper Ihnen zu sagen hat!

**Die Sprache Ihres Unterbewusstseins**

Ihr Unterbewusstsein ist ein Meer von Bildern, Assoziationen, Analogien. Auch hier gilt es zu lernen, Symbolik zu entschlüsseln, Geheimnisse zu enträtseln.

- Haben Sie ein Lieblings-Märchen, das Sie schon als Kind besonders gefesselt hat? Lesen Sie es noch einmal! Finden Sie darin eine neue Bedeutung für heute, eine Botschaft?
- Haben Sie ein klassisches Musikstück, das Sie immer besonders berührt? Hören Sie es wieder! Was für ein Gefühl verbinden Sie damit?
- Haben Sie ein Lieblingsgemälde der Malerei? Betrachten Sie es. Was löst es in Ihnen aus?
- Haben Sie ein Gedicht, das Sie immer wieder entzückt? Was ist seine Botschaft?
- Lernen Sie auch Ihre Träume zu deuten. Eine Vielzahl von Büchern geben wertvolle Hilfen.

**Ordnung ins Leben bringen**

Ordnen Sie Ihr Leben äußerlich wie innerlich. Suchen Sie in jedem kleinsten Lebensbereich Vollkommenheit zu schaffen. Befreien Sie sich von Überlebtem und Vergangenem, Ballast und Bremsklötzen. Alles loslassen, was nicht wirklich mehr zu Ihrem Leben gehört. Machen Sie Ihr Leben und Ihren Lebensraum zu einem Kunstwerk, zu einer Heilquelle, zu einem Tempel wie es einer kreativen Schöpferin zusteht!

Gestalten Sie Ihr Leben so, dass es die Vollkommenheit des Kosmos widerspiegelt. Wie im Großen, so im Kleinen.

# 10. Das Gesetz der Imagination

## Das Gesetz

Das Gesetz der Imagination besagt: Durch Imagination (image = Bild) schafft der schöpferische Gedanke sich zunächst ein Bild. Jede so gebildete bildhafte Vorstellung hat das Bestreben, sich zu verwirklichen, eine Manifestation zu bilden. Der schöpferische Gedanke verwirklicht sich über Bildung. DIE EVOLUTION IST EIN EINZIGARTIGER BILDUNGSPROZESS DES GEISTES.

Der Gedanke, der aus dem formlosen Potenzial schöpft, muss zunächst in Form gehen. Wenn ein Gedanke »in Form« geht, wird er so zur »In-form-ation«. Jede Information ist als energetische Formation ein Gebilde (lat. formatio – Gebilde). Die reine Energie des Gedankens kondensiert und wird fest (Manifestation) als Energie in ein Bild, eine Form, eine Information, ein Gebilde.

Imagination als Werkzeug der Schöpfung ist Bildung: Wir sprechen von der Bildung des Kosmos, der Bildung von Atomen, der Bildung von Elementen, der Bildung von Molekülen, der Bildung einer Galaxie, der Bildung eines Sonnensystems, der Bildung einer Atmosphäre, der Bildung lebender Organismen... Wir sprechen weiter von der Bildung einer Gemeinschaft, der Bildung eines Staates, der Bildung einer Familie, der Bildung eines Vermögens...

Die ganze Evolution ist ein einzigartiger Bildungsprozess: DIE BILDUNG DES GEISTES (Geist bildet und wird gebildet!).

## Die Rolle des Gesetzes für das Erfolgsbewusstsein

Ein erfolgreicher Mensch oder eine erfolgreiche Firma hat ein Image. »Imagebildung« (was für ein Wort!) ist ein bedeutsamer Erfolgsfaktor. Wie wichtig ein gutes Image im Markt ist, bringt der Satz zum Ausdruck: »Zuerst stirbt das Image, dann die Firma.« Oder jemand verliert an An-sehen (auch etwas, das offensichtlich sichtbar ist).

Ein weiterer Faktor ist die Vision! Eine Firma (oder auch Familie) ohne Vision ist wie eine Firma (oder eine Familie) ohne Seele! Aus der Vision (die selbst gestaltete Sicht der Zukunft) erfolgt die Absicht: Was ich erfolgreich tue, habe ich in seinem Resultat schon vor Augen, sehe ich bereits als die große Vision für das ganze Leben oder die kleine Absicht für diesen Tag.

Um für sich eine Vision bilden zu können und sie als Image nach außen sichtbar werden zu lassen, brauchen wir Einbildungskraft (in Bildern denken) und Vorstellungsvermögen (Zukunft vor sich stellen und sehen).

Ein Aspekt der großen Sinnkrise der Gegenwart ist der Mangel an Fantasie der Menschen! Wir sind über das Fernsehen oder den Computer so sehr mit visuellen Reizen überflutet, dass wir in dieser Hinsicht völlig übersättigt sind. Wir entfalten keine eigene Fantasie mehr, sondern lassen uns Bilder vorsetzen. Das ist wie ein Leben aus zweiter Hand! Wir sind so mit fantastischen Geschichten überfüttert, dass unsere Fähigkeit völlig verkümmert ist, mit unserer eigenen Fantasie, Einbildungskraft und Vorstellungsvermögen uns unser Originalleben zu gestalten. Der Schlachtruf der Epoche könnte lauten: Macht die Kisten aus und bringt eure Fantasie wieder an die Macht!

Das egozentrische Erfolgsdenken täuscht sich selbst und baut auf Täuschung der anderen. Es täuscht sich, da es glaubt, sich ein Image oder gar eine Firmenvision (z. B. über eine Werbeagentur) kaufen zu können. Geld und Glimmer scheint das innere Gold ersetzen zu können. Das ist aber nichts anderes als eine Selbsttäuschung. Egozentrisches Erfolgsdenken macht sich vor, das Äußere sei das Entscheidende, Menschen ließen sich nur durch äußeres Blendwerk beeindrucken: der Hochglanzprospekt, das neue Auto vor der Tür, die zur Schau gestellte Kleidung, was immer die Täuschung ausmacht.

Werbung gehört heute zu den größten Täuschungsmanövern, ein Kaleidoskop schillerndster Bilder, wie unser käufliches Leben auszusehen habe! Die Industrie tut so, also ob sie Träume verkaufen könnte. Menschen werden zum Kauf eines Produktes animiert in der Illusion, damit der Verwirklichung ihre Träume nachzukommen. »Wir verkaufen keine Produkte, sondern Träume« ist der Slogan der Werbeindustrie. Wir ertrinken in einer vorgegaukelten Bilderwelt von TV, Werbung und Internet und dürsten nach der fantasievollen Bildung des eigenen Lebens.

Das spirituelle Erfolgsbewusstsein legt Wert auf den inneren Schein, die von innen kommende Vision, die eigenen Träume, die innere Bildung, die Aus-bildung der Träume in die Wirklichkeit, unseren Lebensausdruck als der Mensch, der wir wirklich sind.

Wir richten uns nicht mehr nach den Vorstellungen der anderen, sondern den eigenen. Wir orientieren uns nicht daran, dass die anderen ihre Träume verwirklichen können, sondern wir unsere eigenen.

Wir achten aber auch darauf, mit anderen gemeinsame Vorstellungen zu entwickeln, gemeinsame Träume zu realisieren.

### Imagination auf emotionaler Ebene

Das Bild ist, wie wir es im Gesetz der Analogie bereits dargestellt haben, die Sprache des Unterbewusstseins. Wir leben, was im Unterbewusstsein als Bilder gespeichert ist.

Das ist ein interaktiver Prozess von Einbildung und Ausbildung! Alles, was unser Unterbewusstsein beeinflusst, ist eine Ein-bildung im weitesten Sinne des Wortes. Es wird zu einem inneren Bild. Wenn wir uns ausdrücken, dann ist das eine Aus-bildung unserer inneren Bilder.

Zuerst machen wir ein Bild mit unserem inneren Fotoapparat von der äußeren Welt. Wir bilden die uns umgebenden Welt als Abbild auf ein Diapositiv. Dann betrachten wir die Welt aus der Sicht dieses Dias: Das Leben um uns ist die Leinwand, auf die wir die inneren Bilder projizieren.

Wir müssen wieder in Bildern denken lernen, in Symbolen, in Deutungen (um Bedeutung zu erkennen), in Magie, in Ritualen: unsere inneren Bilder zum Ausdruck bringen und deuten. Lassen wir unserer Fantasie wieder freien Lauf! Ermuntern wir sie für ein fantastisches Leben!

### Imagination auf mentaler Ebene

Wir beeinflussen unser Unterbewusstsein durch unsere Einbildungskraft. Um unsere inneren Bilder positiv zu verändern, müssen wir unsere Ideen imaginieren, einbilden, in die Form eines Bildes bringen und vor allem energetisch mit positiven Gefühlen besetzen!

Sie tragen in sich das Bild eines Versagers, einer Versagerin? Was versagen Sie sich? Sagen Sie es! Worauf möchten Sie nicht mehr verzichten? Was werden Sie sich in Zukunft nicht mehr versagen? Können Sie die Antwort in ein Bild (eine Collage) bringen? An die Wand hängen?

Rufen Sie sich alles, was Sie sich bisher versagt haben, zunächst einmal als ein energiegeladenes Bild in Ihr Leben! Stopfen Sie die Löcher Ihrer Sehnsüchte mit Bildern, als ob Sie bereits alles erreicht hätten. Was Sie fantasievoll als Bild kreieren können, das wird über kurz oder lang in Ihrem Leben in Erscheinung treten. Das ist das Gesetz der Imagination!

Unsere Zukunft beeinflussen wir durch unser Vorstellungsvermögen. Ein Ziel, das man sich nur ausdenkt, aber nicht sehen kann, sich bildlich nicht vorstellen kann, ist kein Ziel mit magnetischer Anziehungskraft. Alles entscheidend für das Erreichen eines Ziels ist es, das Bild des erfüllten Zielzustandes bereits vor Augen zu haben: Wie wird es aussehen, wenn ich das erreicht habe, was ich anstrebe, und vor allen Dingen: Wie fühle ich mich dabei?

## Imagination auf spiritueller Ebene

Wenn wir das so mächtige Mittel der Imagination nutzen, dann ist es ganz besonders wichtig, auch im Einklang mit unserer spirituellen Ebene zu sein. Eine Imagination, die von der emotionalen, der mentalen und der spirituellen Ebene getragen ist, ist eine Kraft, die Wunder vollbringen kann. Schöpfung geschieht immer in diesem Einklang.

Wie oft standen Menschen auf der Karriereleiter schon ganz oben. Sie sind von allen beneidet worden, ihr Glück schien vollkommen. Sie selbst aber haben erst ganz oben auf der letzten Sprosse festgestellt, dass sie eigentlich völlig am Leben vorbei gelebt haben und die Karriereleiter an der falschen Wand stand. Ganz oben, aber an der falschen Wand! Wie viel Mühe hat es gekostet, um am Ende festzustellen: Ich besitze zwar alles, was ich mir kaufen kann, aber es ist nicht mein Leben!

Nur die Intuition kann uns helfen, solche »Fehlentwicklungen« zu vermeiden! Wir sollten eine Karriereleiter nie besteigen wollen, bevor wir nicht geprüft haben, ob sie auch an der richtigen Wand steht!

Mit unserem Vorstellungsvermögen, unsere Fähigkeit zu visualisieren (mentale Ebene), können wir uns jederzeit in diesen Zustand versetzen, die mögliche Zukunft anprobieren, um zu erkennen, ob sie wirklich zu uns passt! Anprobieren ist wie unterschiedliche Kleidung tragen: Möglicherweise gefällt uns ein Kleidungsstück, das noch auf der Stange hängt besser, als wenn wir es wirklich tragen!

Unser Vorstellungsvermögen hilft uns, unterschiedliche Zukunftsszenarien anzuprobieren, in sie hineinzuschlüpfen, um uns dann am Ende zu entscheiden, welche wirklich zu uns passt, in Einklang mit unserer Lebensvision steht. Unsere Intuition ist es, die uns das Gefühl gibt: DAS IST ES!

Es kann kein schöneres Geschenk im Leben geben, als ein klares Bild seiner eigenen Zukunft zu haben, an dem sich Ihr Unterbewusstsein, Ihr Bewusstsein und Ihr Überbewusstsein orientieren. Die inneren Reibereien sind zu Ende und Sie leben kraftvoll Ihr Leben.

Die einzige Hellseherin jedoch, die Ihr Vertrauen verdient, ist Ihre Intuition. Lassen Sie sich »Ihre Zukunft« nicht von anderen vorhersagen. Sie sind die Schöpferin Ihres Lebens, der Schöpfer! Das Gesetz der Imagination nimmt dann in Ihrem Leben Kraft an, wenn Sie sich Ihre Zukunft selbst bilden: durch Einbildungskraft, Vorstellungsvermögen, Imagination. So geschieht Schöpfung in Ihrem Leben als »Ebenbild Gottes«: Es ist IHR BILDUNGSPROZESS!

## Übungen zum Gesetz der Imagination

Beim Gesetz der Analogie haben wir gelernt, die Sprache des Lebens in ihrer Symbolik, Bildern, Metaphern verstehen und deuten zu lernen. Beim Gesetz der Imagination geht es darum, unsere Einbildungskraft und unser Vorstellungsvermögen zu nutzen, um durch selbst gebildete, kraftvolle Bilder Eindruck auf unser Leben zu machen.

### Die Einbildungskraft stärken

Viele Menschen haben eine schwache Einbildungskraft. Wenn sie die Augen schließen, dann wird es schwarz. Andere können vor ihrem geistigen Bildschirm ganze Hollywood-Filme ablaufen lassen. Die Stärkung der Einbildungskraft hilft, innerlich zu sehen.

- Betrachten Sie einen Gegenstand, der vor Ihren Augen ist. Betrachten Sie ihn richtig achtsam und liebevoll. Nehmen sie ihn in seiner ganzen Schönheit (Ästhetik) wahr. Dann schließen Sie die Augen und halten dieses Bild. Es wird sicher nicht so leuchtend sein wie bei geöffneten Augen. Aber Konturen sind doch schon zu erkennen! Halten

Sie die Konturen! Wenn das Bild verschwindet, dann öffnen Sie wieder die Augen und verstärken das Bild. Augen wieder schließen. – Sobald die Konturen des Gegenstandes erhalten bleiben, bringen Sie mehr Farbe in Ihr Bild, machen Sie es farbenprächtiger. – Später bringen Sie mehr Leuchtkraft in dieses Bild. Bringen Sie Ihr Bild auch hell zum Leuchten! – Wechseln Sie auch die Gegenstände.

- Sobald Sie Ihre Einbildungskraft an einem Gegenstand geschärft haben, prägen Sie sich Ihr ganzes Blickfeld ein. Sehen Sie sich jetzt ganz bewusst das an, was Sie in Ihrem ganzen Gesichtsfeld jetzt wahrnehmen. Dann schließen Sie die Augen und versuchen, dieses Bild zu halten. Öffnen Sie die Augen, um sich Details wieder in Erinnerung zu rufen. Wiederholen Sie diese Übung so lange, bis Sie einen deutlichen Fortschritt erkennen.

- Und jetzt können Sie Ihre Einbildungskraft an einer Szene üben, die nicht direkt vor Ihren Augen ist.
Erinnern Sie sich an die schönsten Momente in Ihrem Leben! Wiederbeleben Sie sie vor Ihrem geistigen Auge. Gehen Sie mit allen Sinnen in dieses Bild hinein. Sehen Sie, hören Sie, riechen Sie, berühren Sie, schmecken Sie!

- Trainieren Sie jetzt Ihre Einbildung an einer alltäglichen Szene: Rufen Sie sich Ihr Büro in Erinnerung, Ihre letzte Wohnung, den Garten, Menschen, die Sie lieben …

**Das Vorstellungsvermögen stärken**

Während die Einbildung vor allem äußere Bilder in innere reproduziert, ist die Vorstellung kreativ und schöpferisch. Es geht jetzt darum, sich etwas Neues vorstellen zu können, was Sie noch gar nicht erlebt haben.

- Stellen Sie sich vor, wie Sie die Möbel in Ihrem Zimmer umstellen. Vielleicht schmeißen Sie geistig Möbel heraus und stellen neue herein. Würde nicht auch eine andere Tapete passen? Was ist mit dem Boden? Neuer Teppich?
- Sie können auch Ihr eigenes Selbstbild ändern! Wie würden Sie gerne sein? Was für ein Bild möchten Sie gerne nach außen abgeben? Stellen Sie sich vor, alle Menschen finden Sie sympathisch, liebevoll, wertvoll, originell, vertrauenswürdig. Darf es auch reich sein? Richtig erfolgreich? Steigern Sie sich in dieses neue Selbstbild richtig herein! Beenden Sie diese Übung erst dann, wenn Sie sich in dieses neue Selbstbild richtig verliebt haben! »So gefalle ich mir!«, »So bin ich auch ein idealer Partner für andere.«, »So würde ich mich sogar selbst heiraten!«.
- Stellen Sie sich Ihre ideale Familie vor! Wenn Sie ein idealer Partner geworden sind: Wie wären Ihr Lebenspartner, Ihre Kinder ideal? Was für Träume hätten Sie als Familie? Wie sieht es aus, wenn Sie diesen Familien-Traum verwirklicht haben?
- Stellen Sie sich Ihr Traumhaus vor! Wo würden Sie am liebsten leben? Gegend? Alleinstehend? Garten? Ausblick? Material? Größe? Machen Sie einen Rundgang im Haus. Genießen Sie Ihr Haus als Stätte der Kraft und Heilung! Wer lebt mit Ihnen in diesem Haus?
- Stellen Sie sich Ihren idealen Tag vor! Wie realisieren Sie Ihren Traumberuf? Was ist Ihre Tätigkeit, für die Sie sich reichlich und traumhaft bezahlen lassen? Wie ist Ihre Berufung in Ihren idealen Tag integriert?

Diese Übungen zum Vorstellungsvermögen sollten immer spielerisch sein. Schöpfen Sie einfach aus den Möglichkeiten, die Sie haben. Stellen Sie sich vor, Sie machen einen Bummel durch das »Kaufhaus Ihrer Möglichkeiten«. Schauen Sie sich alles an, was Ihnen gefällt! Kostet nichts!

**Die Zukunft anprobieren**

Wenn Sie aus einem großen Reservoir an Zukunftsmöglichkeiten schöpfen können, dann kann Ihre Intuition Ihnen jetzt zu Hilfe kommen, um aus der »Qual der Wahl« eine innere Gewissheit werden zu lassen, was Ihre Zukunft ist, was wirklich zu Ihnen passt. Ihre Intuition weiß das!

Nehmen Sie sich für diese Übung mindesten zwei Stunden Zeit (Ruhe, Ungestörtheit, kennen wir ja alles). Gehen Sie alle diese Bilder durch, die Sie sich in der letzten Übung vorstellen konnten. Ganz ruhig. Ihr Verstand wird vieles kommentieren, kritisieren, Zweifel hegen. Er denkt, es sei seine Übung. Aber es ist nicht seine Übung.

Es wird wahrscheinlich eine Stunde vergehen, bis er ganz ruhig geworden ist und sich mehr und mehr zurückhält. Dann haben Sie das Gefühl, Ihre Intuition steht Ihnen jetzt als Beraterin zur Seite.

Jetzt probieren Sie Ihre Zukunft in allen Bereichen und Variationen an: Ihr Selbstbild in seiner ganzen Vollkommenheit, Ihre Familie, Ihr Traumhaus, Ihr idealer Tag. Probieren Sie alle Variationen an. Und wenn in einem Bereich nichts passt, dann lassen Sie sich (von Ihrer Intuition) doch noch ein neues Kleidungsstück zur Anprobe geben. Wenn etwas passt, dann passt es einfach. Sie brauchen nicht zu wissen, warum. Ihre innere Gewissheit sagt Ihnen: DAS IST ES! Halten und verstärken Sie dieses Bild. Rufen Sie es sich immer wieder in Erinnerung.

Sie wissen jetzt, wohin Ihr Leben geht. Sie können Ihr Leben jetzt von Ihrem Ziel aus sehen. Es läuft alles auf diese Vision hinaus. »Am Ende ist man klüger.« Sie sind am Ende bei Ihrer Vision und damit klüger. Ihr Leben kann diesen Weg jetzt unbeirrt gehen! Herzlichen Glückwunsch!

## 11. Das Gesetz des Glaubens

### Das Gesetz

Das Gesetz des Glaubens besagt: Alles geschieht nach deinem Glauben. Alle Dinge sind dem möglich, der da glaubt. Im unerschütterlichen Glauben sind wir im Einklang mit dem Schöpfungsplan.

Glaube ist die dritte Schöpfungskraft. Mit den Gedanken schöpfen wir aus dem Potenzial. Das ist der erste Schritt. Mit der Imagination geben wir dem Gedanken eine Form, eine Struktur, ein Bild, ein Gebilde. Aber erst durch den dritten Schritt kann sich Schöpfung manifestieren: der feste Glaube an das, was ich mit Gedanken und Imagination verursache.

Das Gegenteil des Glaubens ist der Zweifel. Wie soll sich etwas manifestieren, wenn ich mir noch nicht sicher bin, wenn ich noch an mir zweifle? Zweifel ist immer eine schizophrene Botschaft an das Leben (und kann in Verzweiflung enden): Einerseits möchte ich ja, aber andererseits weiß ich nicht so recht. Wie soll das Leben darauf reagieren? Wie soll es anders reagieren als mit Zurückhaltung: »Werde dir doch erst einmal selbst klar und dann gib eine neue Bestellung auf!«

Der Ort des Zweifels ist der Verstand. Der Verstand hat immer etwas auszusetzen, Bedenken anzumelden, weitere Überlegungen einzufordern, vor Voreiligkeit zu warnen. Das ist sein Job! Okay, aber irgendwann muss er zurücktreten und dann hat der Glaube das Sagen.

Wir stellen dem Glauben häufig auch das Wissen gegenüber: »Weißt du es oder glaubst du das nur?« Nur das scheint wirklich Berechtigung zu haben, was wir wissen, alles andere sei ein Produkt der Fantasie oder reine Vermutungen. Glaube könnte man bestenfalls als eine Vorstufe des Wissens sehen. Im schlimmsten Falle ist es ein ideologisches Glaubenssystem wie Rassismus.

Doch wir überschätzen die Rolle des Wissens maßlos. Wenn nur das Wissen Maßstab des Handelns sein dürfte, müssten wir im Alltag sehr schnell kapitulieren: Wissen Sie, wie das Auto, mit dem Sie täglich fahren, funktioniert – oder vertrauen Sie einfach nur auf seine Funktionsfähigkeit? Oder andere technische Geräte: Fernseher, Computer, Waschmaschine. Was wissen Sie darüber? Wissen Sie ob das, was Sie täglich essen, auch wirklich gesund ist – oder vertrauen Sie einfach dem Lieferanten?

Kennen Sie die neuesten Erkenntnisse der »Erziehungswissenschaft« und »erziehen« Sie Ihre Kinder danach oder vertrauen Sie einfach Ihrer Liebe als Maßstab im Umgang mit Ihren Kindern? Wissen Sie, wie Ihr Gehirn es anstellt, aus druckgeschwärzten Buchstaben Sätze und Sinn zu erkennen, oder lesen Sie einfach nur? Es kann gar nicht funktionieren, erst die Neurophysiologie der Spracherkennug im Gehirn studieren zu müssen, bevor man ein Buch lesen darf! …

Wir brauchen hier keine weiteren Beispiele anzuführen, um zu erkennen, dass unser Alltagshandeln weitgehendst auf Glaube, Vertrauen und Vermutung (Hypothesenbildung) beruht und nicht auf Wissen! Doch es funktioniert!

Berühmt ist der demütige Spruch des weisen Sokrates: »Alles, was ich weiß, ist, dass ich nichts weiß.«

Wissen ist in unserem Leben gut und wichtig (und Wissenschaft als System des Wissens), aber es ist weit weniger als die Spitze eines Eisberges, bei dem unser Handeln wirklich auf Wissen beruht. Wir haben gar keine andere Chance, als im Alltag auf Glauben und Vertrauen zurückzugreifen.

Wenn der Ort des Glaubens nicht der Verstand ist (die mentale Ebene), wo ist er denn dann angesiedelt?!

Wir assoziieren Glauben ganz schnell mit »religiösem Glauben«, dem Glauben an Gott. Der religiöse Glaube ist ganz offensichtlich auf der spirituellen Ebene beheimatet.

Aber wie ist es mit dem »Glauben an mich selbst« (dem Selbstvertrauen), dem Glauben an andere Menschen (Vertrauen, der »Gutgläubigkeit«) oder dem Glauben an das Erreichen von Zielen? Gibt es viele Arten des Glaubens?

Glaube ist eine höhere Art des Wissens, es ist Gewissheit. Im Glauben (an was auch immer), haben wir eine unerschütterliche innere Gewissheit über die Richtigkeit dessen, was wir tun, auch wenn wir es nicht rational beweisen können, der Verstand überfordert ist.

Und woher kommt eine solche innere Gewissheit? Was macht uns so sicher? Was begründet die Unerschütterlichkeit? Sie kann nur durch unsere Verbindung zur spirituellen Ebene, zum Überbewusstsein, zur Allwissenheit herrühren.

Sobald unser Handeln durch diese Verbindung im Einklang mit dem Schöpfungsplan steht, ist diese innere Gewissheit in allen Dingen unerschütterlich: mir selbst gegenüber, meinem Wirken gegenüber, meinen Mitmenschen gegenüber, dem Göttlichen gegenüber. In dieser spirituellen Bindung ist Glaube EINS.

## Die Rolle des Gesetzes für das Erfolgsbewusstsein

Glaube ist für den Erfolg unerlässlich. Wie soll jemand Erfolg haben können, wenn er kein Selbstvertrauen hat und nicht an das Erreichen seiner Ziele glaubt? Erfolg und Zweifel sind nicht miteinander zu vereinbaren. Misserfolg ist immer auch ein Zeichen für Mangel an Glauben, Mangel an Selbstvertrauen, eine Dominanz des Zweifelns.

Das egozentrische Erfolgsdenken hat die Macht des Glaubens längst erkannt. Denn es scheint die Wunderwaffe zu sein, um alles erreichen zu können. Wir sprachen schon von der maßlosen Omnipotenz des egozentrischen Erfolgsdenkens. Wer mit dem Glauben Berge versetzen kann, der kann sich auch Millionen, ein Vermögen mit festem Glauben herbeizaubern. Ich brauche ja nur zu glauben und alles ist mir möglich! Ich brauche nur zu glauben, dass ich alle meine Feinde besiege, dann ist mir der Endsieg sicher! Was für eine herrliche Ego-Religion!

Dieser Ego-Glaube kommt aus dem Verstand und ist nicht verwurzelt. Er trägt immer den Keim des Zweifelns und des Selbstbetrugs in sich. Das Gewissen als innere Wahrheit meldet sich unaufhörlich: »Was du nicht willst, was man dir tut, das füge auch keinem anderen zu!«

Egozentrisches Erfolgsdenken sagt: Ich glaube an mich selbst und an sonst niemanden. Das heißt: Allen anderen misstraue ich, sie sind meine Gegner und potenziellen Feinde. Entweder ich manipuliere sie oder sie manipulieren mich: Hammer oder Amboss sein. Ein Mensch, der anderen gegenüber gutgläubig und vertrauensvoll ist, ist für egozentrisches Erfolgsdenken ein Trottel, eine Beute, einer, der zur Kaste der Dummen gehört, einer, den man ausnehmen kann.

Das spirituelle Erfolgsbewusstsein schöpft die Kraft des Glaubens aus der Verbindung zur spirituellen Ebene, dem Überbewusstsein.

Glaube heißt, im Einklang mit dem Überbewusstsein zu stehen. Glaube ist die innere Gewissheit, das zu tun, was zu tun ist – für den Fortgang der Schöpfung.

Im spirituellen Glauben gibt es keinen hintergründigen Zweifel, keine bohrenden Gewissenskonflikte. Die Unerschütterlichkeit beruht darin, dass der Glaube in der spirituellen und nicht der mentalen Ebene ruht. So verursachter Erfolg ist nachhaltig, heilsam, global und »göttlich«!

### Glaube auf emotionaler Ebene

Auf emotionaler Ebene äußert sich Glaube in einem starken Ur- und Selbstvertrauen. Wie sich dieses Ur- und Selbstvertrauen entwickelt? Durch den Umgang unserer Eltern mit uns, die an uns glauben oder nicht.

Wir sind alle als spirituelle Wesen auf die Welt gekommen. Teilhard de Chardin hat es so unübertrefflich gesagt: »Wir sind keine Menschen, die Erfahrung mit der Spiritualität machen, sondern spirituelle Wesen, die die Erfahrung mit dem Menschsein machen.«

Haben unsere Eltern uns als spirituelle Wesen wie kleine Engel behandelt? Was haben sie auf unsere spirituellen Fragen geantwortet: »Woher komme ich?«, »Warum habe ich ein Leben?«, »Kommen Tiere auch in den Himmel?«, »Wo ist der Himmel?« Wurden unsere Fragen ernst genommen? Oder hieß es nicht dann und wann eher: »Stell nicht so dumme Fragen!«, »Das verstehst du noch nicht!« (Wer eine Frage stellen kann, ist auch reif für die Antwort!). Haben sie sich mit ihrer süffisanten Antwort nicht oft auch lustig über uns gemacht?

Wir haben so viel Ur- und Selbstvertrauen, wie unsere Eltern unsere natürliche kindliche Spiritualität erkannt und gefördert haben. Dies muss nicht bewusst geschehen sein. Bedingungslose Liebe im Umgang zwischen Eltern und Kindern, der Kontakt von Seele zu Seele schaffen dieses Ur- und Selbstvertrauen.

Und wie gehen wir als Eltern mit unseren Kindern um? Sehen wir in ihnen die spirituellen Wesen, die kleinen Engel? Glauben wir an sie? Stärken wir ihr Selbstvertrauen, ihren Glauben an sich selbst?!

### Glaube auf mentaler Ebene

Die Krise unserer Zeit heißt oft: »Sinnkrise«. Wir könnten es auch genauso gut als »Glaubenskrise« verstehen. Unser Kontakt zur spirituellen Ebene, zum Zentrum unseres wahren Selbst, ist abgebrochen (z. B. durch Erziehung und unsere spirituell verarmte Kultur). Wir fühlen uns innerlich »leer«. Das ist durchaus eine Krankheit, die zu Schizophrenie, Verzweiflung, Selbstmord, Besessenheit, Bösartigkeit, Depression, Sucht führen kann.

Wo Leere ist, ist immer auch ein Vakuum, das gefüllt werden will. Wo der Glaube nicht in der Spiritualität verwurzelt ist, braucht er einen Ersatz, den die mentale Ebene liefert: Glaubenssysteme, die sich als Ersatz für wahren Glauben anbieten. Zu diesen Systemen gehören Ideologien wie der Kommunismus (als große Ersatzreligion). Zu diesen Systemen gehören aber auch zum Dogmatismus erstarrte Religionen.

In allen diesen Fällen wird den Menschen, die an einen

Sinn im Leben glauben wollen, ein Denksystem geboten. An das hätten sie zu glauben, damit die Sinnkrise gelöst sei. Diese Art Ersatzglaube appelliert an den Verstand.

### Glaube auf spiritueller Ebene

Religiöser Glaube unterscheidet sich vom spirituellen Glauben durch Erfahrung. Spiritueller Glaube ist die Erfahrung des Überbewusstseins, Ausdruck einer spirituellen Gipfelerfahrung oder gar der Erleuchtung selbst.

Spiritueller Glaube bedarf weder der Zugehörigkeit zu einer religiösen Gemeinschaft noch zu einer esoterischen Sekte. Beide Systeme (traditionelle Religionen und esoterische Sekten) haben ihre Mittel, ihre Mitglieder an sich zu binden – nicht durch Glaubenserfahrung, sondern durch Abhängigkeit.

Untersuchungen zeigen interessanterweise, dass viel mehr Menschen außerhalb von traditionellen Religionen zu Glaubenserlebnissen kommen, als in religiösen Gemeinschaften. Gerade dieser Verlust an Spiritualität in den Religionen macht einen Großteil der »Sinnkrise« aus, da die Religionen als traditionelle Hüter des Spirituellen heute durch ihre dogmatische Erstarrung keinen Zugang mehr zur Seele der Menschen finden. Eine intellektuelle Einsicht über die Existenz der spirituellen Ebene, ein mentales Anerkennen der geistigen (spirituellen) Gesetze reicht nicht aus. Wir können den Gipfel vielleicht schon sehen, er mag zum Greifen nahe sein. Aber erst auf dem Gipfel selbst haben wir die Gipfelerfahrung gemacht. Intuition ist der Kanal zur spirituellen Ebene. Je offener dieser Kanal, desto intensiver die Glaubenserfahrungen.

Wenn Glaube zu einer Erfahrung wird, dann wird er unerschütterlich. Dann wird er die starke dritte Kraft im Akt der Schöpfung.

## Übung zum Gesetz des Glaubens

### Glaube an die Intuition

Die einfachste Art, Intuition zu trainieren, ist, an sie zu glauben, intuitive Einfälle bedenkenlos umzusetzen.

Es gibt keine einfachere Intuitions-Übung. Bei einer guten Vorbereitung durch die anderen Übungen brauchen Sie mehr an Training Ihrer Intuition gar nicht.

Beginnen Sie mit einem Wochenende und machen Sie in den Ferien weiter: eine Zeit, in der Sie nicht unter Zwängen stehen, in der Sie die Möglichkeit haben, Ihren Tagesablauf frei zu gestalten. Und dann tun Sie spontan das, was Ihnen einfällt. Bedenkenlos! Bedingungslos! Ihre Einfälle werden sich immer im Rahmen Ihrer Möglichkeiten halten, das, was tatsächlich umsetzbar ist. Ihnen wird nichts Unmögliches einfallen, denn Intuition ist keine Fantasterei.

Das Wichtigste an dem Training ist, dass Ihr Verstand keine Chance bekommt, Ihnen reinzureden, Bedenken anzumelden, Verbesserungsvorschläge zu machen. Der Verstand wird in Urlaub geschickt. Er hat ihn durch jahrelange Vorherrschaft und Überforderung sicher redlich verdient! Die Kurzformel für diese Übung lautet:

Intuitiver Handlungsimpuls ▶ HANDELN!

So gewinnen Sie Ihre ursprüngliche Spontaneität wieder. Ein intuitives Leben ist ein überaus spontanes Leben (nicht zu verwechseln mit launisch oder impulsiv!), bei dem Sie mit der Zeit alles richtig machen.

## 12. Das Gesetz der Liebe

### Das Gesetz

Das Gesetz der Liebe besagt: Liebe ist das Grundgesetz. ALLES IST LIEBE. Die Schöpfung ist eine Manifestation der Liebe. Liebe ist die Urkraft, die alles in Bewegung setzt. Liebe ist die Antwort auf jede Frage. Liebe ist die Lösung für jedes Problem. Liebe ist das Elixier des Lebens. Liebe erkennt Gott in allen Menschen und in der ganzen Schöpfung.

Letztlich sind wir auf der Welt, um lieben zu lernen. Das ist unser spiritueller Auftrag. Das ist die Herausforderung. Das ist der Sinn. Wenn wir wirklich lieben können, sind wir vollkommen!

Liebe beginnt immer bei sich selbst: sich achten, sich selbst gegenüber aufmerksam sein, sich selbst gegenüber eine Freundin sein, ein Freund. Sich liebenswert fühlen. Liebe sich selbst gegenüber ist der Weg zur eigenen Seele. Wer sich selbst nicht mag, versperrt sich der eigenen Seele. Unsere Seele jedenfalls liebt uns so, wie wir sind, ohne Wenn und Aber, ohne Bedingungen.

Einen anderen Menschen lieben können wir nur in dem Maße, wie wir uns selbst lieben. Ich selbst bin der Test, die Prüfung, die Herausforderung für meine Liebesfähigkeit. Denn erst dann kann ich auch den anderen in seiner liebenswerten Einzigartigkeit wahrnehmen, dann ist meine Wahrnehmung von ihm nicht mehr verzerrt, sondern klar.

Sobald wir Zugang zu unserem eigenen inneren Potenzial haben, sehen wir auch das ganze Potenzial im geliebten anderen Menschen. Wir erkennen und lieben in ihm nicht nur das, was er ist, sondern auch das, was er sein könnte.

Das ist das Aufregendste einer jeden Liebe. Zunächst (im mehr unbewussten Stadium) sehen wir im anderen nur eine Projektionsfläche eigener psychischer Bedürftigkeit: »Ich bin ängstlich und bewundere deine Stärke. Ich brauche dich, weil du mir Stärke verleihst. Ich kann ohne dich nicht leben, weil ich meine Angst fürchte.«

Dann (im bewussten Studium) können wir den anderen sehen wie er ist, ihn bedingungslos akzeptieren. Abhängigkeit ist abgestreift, Liebe wird zu einem gemeinsamen Projekt.

Auf spiritueller Ebene erkennen wir im anderen nicht nur das, was er ist, sondern auch das, was er in sich birgt: »Wenn sexuelle Liebe eine heilige Dimension bekommt, können beide Partner anerkennen, dass sie göttliche Eigenschaften besitzen. Wir begreifen, dass unser wahres Potenzial unendlich und unbegrenzt ist. Wenn wir den Gott oder die Göttin im anderen achten, können wir unseren Partner über die Grenzen ihrer Persönlichkeit wahrnehmen.« (Margo Anand)

Wir lieben einander, weil wir uns erkannt haben.

Unsere Liebe macht uns frei, unser Potenzial zu entfalten. Unsere Liebe ist die größte Kraft für die spirituelle Reife von dir und mir. Wir sind uns Weggefährten. In einer solchen spirituellen Liebe wächst Liebe über alle Grenzen hinaus, schließt Liebe alles ein.

Alles, was wir mit den geistigen Gesetzen erfolgreich und intuitiv erschaffen, ist das Wirken von Liebe.

## Die Rolle des Gesetzes für das Erfolgsbewusstsein

Erfolg und Liebe? Sind das nicht eher Gegensätze? Wir meinen jetzt nicht: Erfolg im Bett oder Erfolg bei Frauen, bei Männern. Es geht auch nicht darum, Erfolg anzustreben, um geliebt zu werden. (»Ich liebe dich, weil du so erfolgreich bist.«)

Wir meinen mehr (und etwas verengt) den geschäftlichen Erfolg: Geschäftsbeziehungen sind bekanntlich keine Schmusebeziehungen. Im Geschäft muss man sich (rücksichtslos) durchsetzen. Liebe, Verständnis für den anderen ist Schwäche, ist Verlust.

Doch wie kann ein Erfolg nachhaltig sein, ein Gewinn für alle, Heilung für das Ganze, wenn er nicht vom Motiv der Liebe getragen ist?! Ich erstrebe meine Art des Erfolges, um mehr Liebe in die Welt zu tragen! Ist das nichts?

Das egozentrische Erfolgsdenken hat Liebe als Erfolgsfaktor schon entdeckt. »Management by Love« (Gerd Gerken), »Verkaufen ist wie Liebe«, »Loveselling®« (Hans-Uwe L. Köhler). Liebe ist sozusagen ein Verkaufstrick, denn der höhere Verkauf oder das bessere Marketing steht im Mittelpunkt dieses Denkens. Es heißt nicht: Rettet die Erde, deshalb die Liebe an die Macht, sondern wie können wir gegenüber dem Mitbewerber besser sein – vielleicht mit einer »Prise Liebe«?! (Liebe als Waffe im Wettbewerb!)

Für spirituelles Erfolgsdenken ist Liebe die Grundmotivation, die Bewegungsenergie, die mehr Liebe in die Welt trägt, die Welt lichtvoller und liebevoller macht. Das ERFOLGSPROJEKT LIEBE hat immer zum Ziel dem Ganzen zu dienen, das Ganze zu heilen, der Vision WIR SIND EINS näher zu kommen.

## Liebe auf emotionaler Ebene

Liebe ist sicherlich ein fundamentales, fast schon instinkthaftes Gefühl: Eine Mutter kennt dieses Gefühl als ein Urinstinkt. Sie ist in der Lage wochenlang keinen durchgängigen Schlaf mehr zu finden, um sich auch nachts um den Säugling zu kümmern. Für den jungen Vater kann diese Liebe bedeuten: der jungen Familie Sicherheit, Lebensraum und Schutz zu bieten. Auch das ist bei ihm annähernd instinkthaft. Er ist in der Lage, tagelang »Doppelschichten zu fahren«, um genügend Geld für die junge Familie zu verdienen.

Das ist Liebe pur, von ihr wie von ihm. So geschieht Familienbildung, bildet sich Familie aus der Energie der Liebe.

Alles was mit Liebe und Begeisterung, Leidenschaft und Selbstvergessenheit (besser: Ego-Vergessenheit!) geschieht, das schafft Neues, bildet neue Strukturen, ist beständige Kraft der Schöpfung.

Unsere sechs Grundmotive zum Handeln (Danah Zohar, Ian Marshall), die aus der emotionalen Ebene kommen, entspringen der Liebe: Geselligkeit als Liebe zum Mitmenschen, Fürsorge als Liebe zur eigenen Familie (die sich auch auf die ganze Menschheit ausdehnen kann), Neugier als Liebe zur Wissenserweiterung, Kreativität als Liebe zur Neuschöpfung, Konstruktivität als Liebe zu funktionsfähigen Gebilden, Selbstbehauptung als Liebe uns selbst gegenüber.

Liebe nährt diese grundlegenden Motive unseres Tuns. Je mehr wir auf allen Ebenen in der Liebe sind, desto klarer, eindeutiger und vor allem menschlicher wird unser Handeln.

## Liebe auf mentaler Ebene

Liebe ist die Antwort auf alle Fragen. Liebe löst jedes Problem. Welche Lösung finde ich, wenn ich das Problem vom Standpunkt der Liebe aus betrachte? Wie würde jetzt ein Heiliger in dieser Situation fühlen, denken und handeln? Wie verlasse ich meine egozentrische Perspektive und kann aus der Sicht des anderen denken?

Lassen wir Liebe in unser Denken, befreit sie uns von negativem Denken, lieblosen Vorurteilen, unhinterfragten Ideologien, erstarrten Dogmen. Liebe klärt auch das Denken, hilft uns, heilsam und wahrhaftig zu denken.

Ein durch die Liebe geläuterter Verstand läutert auch das Ego, das sich zu einem Ich-Selbst transformiert, das sich selbst behaupten kann, ohne egozentrisch zu sein. Ich-Selbst missversteht sich nicht mehr als Zentrum (das ist vielmehr die Seele), sondern nimmt seinen Job als starker »Außenminister« gegenüber der Welt wahr.

## Liebe auf spiritueller Ebene

Hier ist Liebe eigentlich beheimatet, denn die spirituelle Ebene ist die Ebene der Seele. Liebe auf spiritueller Ebene ist die Kraft der Heilung, die Kraft der Integration, die Kraft des inneren wie äußeren Friedens.

HEILUNG heißt heil werden, ganz werden und kann nur bei jedem selbst beginnen! Die höchste Form des Heil-Seins ist der Einklang, die Symbiose zwischen Körper, Geist und Seele. Der Körper ist das Tierische in uns, der Verstand das Menschliche, die Seele das Göttliche. Eine tiefgehende Krankheit ist »Tri-spalt«: seelische Leere, geistige Verirrung, körperliches Gebrechen.

Wirkliche Gesundheit und heilsames Wachstum ist eine neu geschaffene Dreisamkeit und Allianz (»Kongruenz«) zwischen Seele, Körper und Geist, den die Seele führt. Sich von der Seele intuitiv führen zu lassen, ist der Weg.

Leben unter dem Kommando des Körpers ist instinktiv, wenig bewusst, aber energisches Handeln! Leben unter dem Kommando des Verstandes ist bewusst, aber verzweifelt (Zwei-fel ist eine abgeleitete Funktion des analytischen Trennens, denn es gibt für den Verstand immer Zwei-Fälle), steht immer am Scheideweg, ist handlungsunsicher, oft entscheidungslos. Leben unter dem Kommando der Seele ist liebevoll und wachsend, in wirksamer Bewusstheit, leidenschaftliches Handeln.

Die Seele ist Wachstum. Ihr Verlangen, ihre Sehnsucht ist die leidenschaftliche Erfahrung des Körpers. Sie ist Bewusstheit und liebt auch das Bewusstsein des Verstandes. Die Seele ist die Heilerin, ihre Methode die Liebe. Die Seele IST Gesundheit, IST Vitalität, IST Allwissenheit, IST Wert, IST Sinn, IST Vision. Je mehr die Seele die »Führung des Unternehmens« übernehmen darf, desto mehr geschieht Heilung. Die Seele heilt den Körper von kränklichen Symptomen, die Seele heilt den Verstand von unstimmigen Gefühlen, Vorurteilen, negativem Denken.

Die Seele ist jedoch keine Rebellin, die die Führung im Handstreich übernimmt. Sie hat unendliche Geduld. Sie weiß, dass ihre Zeit kommen wird. Sie übernimmt die Führung nur, wenn sie darum gebeten wird. Der Verstand, der endlich seine Begrenztheit erkannt hat, bittet die Seele um die Führung: Ein spontaner, intuitiver Handlungsimpuls der Seele wird vertrauensvoll und be-denken-los in Handeln umgesetzt. Der Verstand hat das Vertrauen erworben, sich selbst zu verlieren. Das ist Hingabe an Leidenschaft.

Diese Stärke des Verstandes kann sich nur in Selbst-Liebe entfalten. Der Verstand erkennt, dass er die Seele früh verdrängen musste (dieser Prozess wird Erziehung genannt), und sein schlechtes Gewissen die Seele in einer tief verschlossenen Truhe in Schach hielt. Er verliebt sich in die Seele, die liebevoll antwortet. Die Selbst-Heilung hat begonnen.

In der Bindung zwischen zwei Menschen treffen immer sechs Wesenheiten aufeinander: zwei Körper, zwei Geiste, zwei Seelen. Ist die Beziehung körperlich, dominiert der sexuelle Austausch, ist die Beziehung vergeistig, dominiert der geistige Austausch, ist die Beziehung seelisch, dominiert der Austausch von Liebe.

Verliebtheit ist ein erstes präsentes Aufeinanderprallen aller sechs Wesenheiten, bei dem allerdings häufig mehr das Körperliche und Geistige dominieren (Verliebtsein ist narzisstisch). Es ist ein Schmelztiegel, bei dem sich schnell herausstellt, in welchem Verhältnis die Bestandteile stehen, wie sich die Legierung der Beziehung gestaltet.

Liebe als HEILUNG bedeutet, abgespaltene der sechs Wesenheiten wieder zu integrieren, alle Austauschformen anzunehmen und mit dem heilsamen Wachstum der Beziehung in Harmonie zu bringen. Eine heile Liebesbeziehung lebt alle drei Austauschformen ekstatisch (Körper), euphorisch (Verstand) und leidenschaftlich (Seele). (Euphorie ist ein hochenergetisch geladener Gedanke.)

Liebe als HEILUNG hat gute Chancen, wenn die Seele wenigsten bei einem Partner mit Führungsaufgaben betraut ist, sie die Seele des Partners stärken kann und diese seelische Kooperationsgemeinschaft das Unternehmen »Liebespaar« in seinem Wachstum und seiner Entfaltung leitet.

## Übungen zum Gesetz der Liebe

### Sich selbst lieben

Erstellen Sie bitte eine Liste über die Eigenschaften, die Sie an sich nicht mögen: an Ihrem Körper, in Ihrem Beruf, in Ihrem Gefühlsbereich, in Ihrem Umgang mit anderen Menschen (insbesondere Ihrer Familie).

Versehen Sie die Liste mit einem Datum zum Vergleich für Ihr Wachstum. Denn diese Liste gegen Null zu bringen ist das »Therapieziel Liebe«!

### Kritik an anderen

Welcher Mensch geht Ihnen zur Zeit am meisten auf die Nerven? Machen Sie eine Liste, was Sie an ihm nicht ausstehen können, die linke Spalte. Wie würden Sie sich selbst dagegen beurteilen? Dann schreiben Sie in die rechte Spalte, welcher mögliche Wunsch sich hinter Ihren Nerven verbergen könnte:

| Mich Nervende/r | ICH | Mein verborgener Wunsch?! |
|---|---|---|
| Seine schreckliche Pingeligkeit! | Ich bin eher schlampig. | Ein bisschen mehr Ordnung?! |
| Ihre plumpe Aufdringlichkeit! | Ich bin eher etwas zu zurückhaltend. | Ein bisschen mehr Geselligkeit?! |
| Seine notorische Besserwisserei! | Ich kann mich schlecht einbringen. | Ein bisschen mehr Flagge zeigen?! |
| Ihre nicht zu bremsende Redesucht! | Ich rede doch wohl zu wenig. | Ein bisschen mehr Kommunikation?! |

Die Übung kann Ihnen bei der Erkenntnis helfen, dass nicht der andere Sie wirklich nervt, sondern nur Projektionsfläche eines Problems von Ihnen ist. Hieran können Sie wachsen! Das ist doch ein Geschenk!

**Affirmationen zur Liebe**[3]
- Das Leben liebt mich.
- Liebe ermöglicht es mir, immer klar zu sehen.
- Kommunikation ist ein Lied der Liebe.
- So, wie ich jetzt in diesem Augenblick bin, bin ich wunderbar.

---

[3] Viele dieser Affirmationen sind aus dem Buch von Louise L. Hay: Meditationen für Körper und Seele

- Ich liebe meinen Körper und mein Geschlecht.
- Ich freue mich an der Liebe, die ich mit anderen teile.
- Ich bin ein leuchtender Stern der Liebe.
- Liebe ist alles, was ich brauche, um in meiner Welt Ordnung zu schaffen.
- Ich liebe diesen Planeten und alle Wesen, die er beheimatet.
- Mein Glaube basiert auf der Liebe.
- Ich liebe und akzeptiere mich, so wie ich bin.
- Meine Träume sind fröhlich und voller Liebe.
- Die Liebe ist stärker als alle trennenden Unterschiede.
- Mein Ziel ist es, heute mehr zu lieben als gestern.
- Ich liebe meinen Nächsten WIE MICH SELBST.
- Je mehr Liebe ich gebe, desto mehr Liebe empfange ich.
- Meine Bestimmung ist es, dass ich lerne, bedingungslos zu lieben.
- Ich lasse in meinem Leben viel Raum für Liebe.
- Die Liebe verändert mein Denken.
- Meine berufliche Tätigkeit ist es, Dinge zu tun, die ich liebe.
- Ich liebe meine Arbeit und liebe das Geld, das ich für meine Arbeit bekomme. Geld liebt mich und kommt zu mir wie ein anhängliches Tier.
- Ich sehe alles im Licht der Liebe.
- Was mir auch widerfährt, immer liebe ich mich, und darum ist alles gut!
- Ich glaube an die Macht der Liebe!
- Meine Liebe zu mir selbst und zu anderen ermöglicht es mir, alles zu sein, was ich sein kann.

**Meditation zur Liebe**

Sie haben eine erste Klangprobe Ihrer Stimme aufgenommen. Es sollte sich nach dem »Durchleben« dieses Buches Ihre Stimme hörbar verändert haben.

Als Stimm-Training können Sie folgende Meditation so lange auf ein Band sprechen, bis Sie Ihre Stimme lieben und sich diese Meditation immer wieder anhören können:

Ich mache es mir ganz bequem und schließe meine Augen. Ich lasse den Alltag los und atme ruhig und gelassen ein und aus.

Ich spüre, dass ich mit jedem Atemzug immer ruhiger bin, und der Körper entspannt sich von Kopf bis Fuß. Ich lasse alles los und atme ruhig und gleichmäßig ein und aus.

Ich genieße diese herrliche Ruhe und Gelassenheit und lasse mich immer tiefer in einen wunderbaren und erholsamen, meditativen Entspannungszustand sinken... immer tiefer – ganz tief – und ich bin die Ruhe selbst.

Ich bin jetzt absolute Ruhe und Gelassenheit. Ich bin ganz still und gelöst. Alles ist vollkommene Ruhe und Gelassenheit.

Ich fühle mich jetzt ganz nahe an der Quelle meines Lebens – und tauche noch tiefer in meine Herzmitte ein.

Ich lausche nach innen, ganz tief – und spüre den Rhythmus meines Lebens und erlebe eine ganz neue Dimension meines Seins.

Ich bin jetzt ganz Stille in Seele und Gemüt.

Ich atme tief und ruhig und spüre die harmonischen kosmischen Schwingungen in meinem Sein.

Ich atme jetzt kosmische Stille und Frieden ein und aus.

Ich lasse die Außenwelt ganz von mir gleiten und ziehe mich zurück in den ruhigen, inneren weiß-goldenen Tempel.

Ich sehe vor meinem geistigen Auge diesen herrlichen Tempel und nehme alles ganz bewusst wahr.

Auf dem Lichtaltar dieses wunderschönen Tempels, im Innersten meines Herzens, brennt eine ruhige, weiße Flamme.

Ich knie sanft vor dieser Flamme und betrachte sie, bis ich selber zur leuchtenden Flamme werde und BIN.

Ich bin jetzt erfüllt von diesem weißen Licht und dieses Leuchten umhüllt die ganze Erde.

Mein Bewusstsein ist jetzt ganz geklärt von dem kosmischen Strom des weißen Lichtes.

Jeder positive Gedanke und jedes bejahende Wort fließt jetzt wie ein Samenkorn in mein neues Leben.

Ich ernte eine tiefe Liebe zu meinem Sein und bin EINS mit ALLEM.

Ich bin jetzt absolute Stille und nehme die folgenden Worte wie einen heilenden Balsam in mein Leben auf.

Ich bin eins – ganz tief in mir. Ich bin Ruhe…

**[Pause, etwa 15 Sekunden]**

Alles in mir ist Ruhe, alles ist Stille, alles ist Schweigen, harmonischer Friede.

**[Pause, etwa 15 Sekunden]**

Ich bin in meinem innersten Sein Liebe, Freude und Glückseligkeit.

Ich wende mich jeden Tag einwärts in die Mitte meines Seins und bejahe: Alles ist unendliche Liebe.

Ich bejahe damit mein innerstes Einssein mit dem Geist der Liebe und des Lebens.

**[Pause für Stille, etwa 30 Sekunden]**

Ich danke der All-Kraft für die allgegenwärtige Liebe, die mich leitet und beschützt.

Ich bin eins mit dieser unendlichen Liebe. Liebe ist Leben.

Liebe ist heilender Balsam. Liebe bewirkt Heil-Sein und Ganz-Sein. Liebe ist wahre Erkenntnis. Liebe ist Vollkommenheit.

**[Pause für Stille]**

Im Schweigen höre ich die Stimme der Stille, die sanft zu mir spricht: »Sei still und erkenne, dass ich der EINE bin. Meine Liebe gebe ich dir!«

Ich liebe alle positiven Wesen dieser Welt und sie lieben mich.

Ich bin in diesem harmonischen Kraftfeld der Liebe ganz geborgen.

**[Pause für Stille]**

Ich bin erfüllt von dieser unendlichen Liebe.

Ich spüre, wie mich die allwissende Liebe zu wachsender Vollkommenheit führt.

Ich danke für das Erkennen der wahren Liebe in meinem Leben.

Ich bin jetzt geleitet und beschützt in der Kraft der EINEN LIEBE. ALL-LIEBE ist mein Lebensbegleiter.

**[Pause für Stille, etwa 30 Sekunden]**

Diese heilenden Worte sind jetzt ein lebendiger Bestandteil in meinem Leben und ich danke für ein vollkommenes Leben.

Ich ruhe in tiefer Dankbarkeit und Frieden und freue mich auf ein ganz neues Leben, das sich jetzt in mir entfaltet.

Ich atme jetzt wieder tief ein und aus und zähle in Gedanken langsam von eins bis sechs.

Bei der Ziffer sechs öffne ich die Augen und fühle mich wie neugeboren:

Eins: Ich atme heilende Energie und Lebensfreude ein und aus.

Zwei: Ich genieße diese wunderbare Energie.

Drei: Mein Körper fühlt sich neugeboren an, heil und ganz.

Vier: Mein Bewusstsein ist erfüllt von Harmonie und Frieden.

Fünf: Ein frisches Gefühl von tiefer Dankbarkeit erfüllt mein Dasein.

Sechs: Ich lebe und wirke mit der Kraft der Liebe.

Ich öffne meine Augen und fühle mich wie neugeboren und ALL-LIEBE und ALL-KRAFT sind meine Lebensbegleiter.

Ich spüre den ewigen Frieden – das ALL-EINS-SEIN.

Ich bin heil und ganz.

Ich erfülle den Augenblick meines Seins.

## Zusammenfassung:
## Die Kraft der Intuition

Wir sind mit den beiden letzten geistigen (Erfolgs-)Gesetzen sicherlich etwas abgehoben (und an die Substanz gegangen). Es soll aber keinesfalls der Eindruck erweckt werden, Intuition sei nur etwas für Heilige! Doch wir können weder über die geistigen Gesetze reden, ohne »das Göttliche« in das Gespräch einzubeziehen, noch können wir über Intuition sprechen und »das Göttliche« ausklammern. Denn wir begeben uns damit in eine andere Sphäre: ins Überbewusstsein, auf die Ebene der Sinnhaftigkeit.

Es gibt Sozialgesetze (die nur beschränkt ihren Ausdruck im Bürgerlichen Gesetzbuch finden, aber immerhin). Es gibt Naturgesetze und eben geistige Gesetze als die universellen, spirituellen, »göttlichen« Gesetze hinter allem. Wer sich nicht an Gesetze hält, bewirkt immer eine Form von »Bestrafung«: vom kleinen Strafzettel an der Windschutzscheibe des Autos über menschengemachte »Naturkatastrophen« bis hin zu ernsthaften Krankheiten. »Wer die Gesetze nicht beachtet, den bestraft das Leben.«

Wir stellten anfänglich die Behauptung auf: Je mehr wir uns mental den geistigen Gesetzen öffnen, unser Leben nach ihnen zu orientieren, desto mehr seien wir der Intuition zugänglich. Mit den geistigen Gesetzen stellen wir unseren »übersinnlichen Wahrnehmungsapparat« (den sechsten über den fünften) sozusagen auf Empfang. Je klarer unser Denken von den geistigen Gesetzen geleitet ist, desto mehr sind wir auf Intuition eingestimmt.

Die Orientierung an den geistigen (Erfolgs-)Gesetzen ist also überaus bedeutsam, um die Kraft der Intuition wirken zu lassen.

Doch das größte Hindernis, das uns zur Nutzung der intuitiven Kraft im Wege steht, ist unser EGO! Wenn irgendetwas nicht funktionieren kann, dann ist es, die Kraft der Intuition in den Dienst des EGO stellen zu wollen! Auf den Punkt gebracht, könnte die Formel lauten: EGO versus Intuition. Intuition kann kein Werkzeug egozentrischen Erfolgsdenkens werden! Keine Chance. Im Gegenteil: Mit dem wachsenden Gebrauch der Intuition transformieren wir unser Egodenken zum spirituellen Erfolgsbewusstsein.

Lassen Sie uns dies begründen, weil es sich hier um ein ganz zentrales Thema der aktuellen Weltkrise handelt!

### Egozentrik als Bremse der Evolution

Was ist überhaupt Egoismus, Egozentrik? Das Wort gibt selbst Auskunft: Das EGO sieht sich im Zentrum. Es ist – etwas überspitzt gesagt – das Zentrum der Welt, das Zentrum des Kosmos.

Der (Unter-) Bewusstseinszustand eines Neugeborenen und Säuglings ist Egozentrik und Narzissmus PUR! Es betrachtet die ganze Welt sozusagen als eine »Verlängerung seiner selbst«. Bereits mit der Geburt beginnt jedoch die Zurücknahme der Egozentrik.

Howard Gardner (der Autor von »Emotionale Intelligenz«) sagt dazu: »Der gesamte Verlauf menschlicher Entwicklung ließe sich als fortschreitende Abnahme der Egozentrik betrachten...«[4]

Unser Egoismus ist noch bis zur Pubertät gesund und lebensnotwendig, um ein starkes Ich herauszubilden.

Doch dann beginnt die Zeit, sich in die Gesellschaft einzugliedern, durch einen Beruf, den Aufbau einer eigenen Familie eine Position in der Gemeinschaft einzunehmen. Die Ego-Zentrik sollte zur Sozio-Zentrik transformiert werden: Die eigene Familie, die eigene Firma, die Gesellschaft als das höhere Ganze sollte der Mittelpunkt sein.

Diese Soziozentrik hat häufig auch zwiespältigen, ethnozentrischen Charakter, das schon mythische Verschmelzen in einer Gruppe: vom Fußball-Fanclub über esoterische Sekten der »Auserwählten« bis hin zur Herrenrasse der Nationalsozialisten: Die anderen sind dann immer die Bösen. Es ist eben eine Frage des Charakters dieser Gruppe, ob das Ego transformiert wird oder sich aufgibt.

Solche Formen der ethnischen Soziozentrik sind dann krank, wenn die Menschen in diesen Gruppen ihr EGO völlig auflösen müssen, diese Gruppen mit Clan-Charakter Abhängigkeit, Ausschließlichkeit und Opfer fordern.

---

[4]  Zitiert nach Ken Wilber: Eine kurze Geschichte des Kosmos, S. 237

Doch Gemeinschaften, die ihre Mitglieder als gesunde EGOs integrieren, sind funktionierende höhere Ganzheiten, die die Weiterentwicklung des Einzelnen über seine EGO-Grenzen hinaus ermöglichen.[5]

Ein reifes Erwachsenensein überwindet jedoch auch diese ethnische Soziozentrik. Die Sozio-Zentrik de-zentriert sich und transformiert zur Anthropo-Zentrik: Im Mittelpunkt steht die Menschheit als Ganzes, die Identifikation mit der eigenen Art in ihrer Ganzheit.

Von da ist eine weitere De-Zentrierung hin zur Geo-Zentrik nur noch ein kleiner Schritt: die Identifikation mit allem Leben auf diesem Planeten Erde, die Identifikation mit der Erde selbst.

Die Menschheit erwacht als Ganzes zur Zeit zu dieser weltzentristischen und globalen Perspektive. Das macht unser gegenwärtiges Zeitalter so aufregend!

Der bekannte Physiker Fred Hoyle hatte es schon geahnt und im Jahre 1948 prophezeit: »Liegt von der Erde erst einmal ein aus dem Weltraum aufgenommenes Foto vor …, wird das einen der größten Umdenkungsprozesse der Geschichte auslösen.«[6]

Doch auch das ist noch nicht das »Ende der Fahnenstange« im fortschreitenden Prozess der De-Zentrierung: Der nächste große Sprung ist die Auflösung jeglicher Zent-

---

[5] Zur Unterscheidung von Sekten und transformierenden Gruppen, was oft auch Esoterik und Spiritualität unterscheidet, sei das Buch empfohlen: Ken Wilber et al.: Meister, Gurus, Menschenfänger

[6] Zitiert nach Peter Russell: Die erwachende Erde, S. 17

rierung in der Erkenntnis: ALLES IST EINS. Es gibt kein Zentrum mehr.

Nachdem wir bisher kurz und in groben Zügen diese gesunde, dezentrierende Entfaltung des Menschen von der puren Ur-Egozentrik des Säuglings hin verfolgt haben zur Loslösung jeder Zentrik, macht die Frage Sinn:

Wann macht Egoismus krank? Wann ist Egozentrik ein Zeichen für krankhaftes und schädigendes Verhalten?

Die Antwort: Wenn wir – statt uns weiterzuentwickeln – auf dieser gesunden Stufe des Egoismus fixiert bleiben, wenn unsere Entwicklung stagniert, sich alles bestenfalls im Kreise dreht. »Stillstand ist Rückschritt«, heißt es.

Egoismus und Narzissmus sind dann einfach nur pubertär.

Auch wenn die Menschheit zu erwachen beginnt, so gilt dies nur für prozentual wenige. Unsere materialistische und patriarchalische Kultur ist nach wie vor primitiv als durch und durch vom Egoismus gestaltetes Wirtschaftssystem und als materialistische Lebensweise.

»Zuerst ich, dann die anderen«, heißt es in der »Egoisten-Bibel«, die diese extrem zentristische Sichtweise auf den Punkt bringt: »Im freien Wettbewerb gibt es keine soziale Rücksicht. Jeder ist sich selbst der Nächste, wie es dem Überlebensprinzip der Natur entspricht.«[7] Oder: »In diesem (manipulativen, A.d.V.) Spiel sind alle deine Gegner, weil jeder zuerst an seinen eigenen Vorteil denkt.« (a.a.O., S.132)

Diese individualistische und egozentrische Philosophie hat die Menschheit in den letzten 100 Jahren an den Rand des Abgrundes geführt. Und es ist keinesfalls ein »Natur-

---

[7]  J. Kirschner, DIE EGOISTEN-BIBEL, S. 94

prinzip«, sonst hätte die Natur sich nicht zuvor Milliarden von Jahren prächtig entwickelt, sondern sich im Kampf aller gegen jeden längst vom Planeten Erde verabschiedet. Hat sie aber nicht! Das deutet darauf hin, dass sie mehr Intelligenz besitzt als die ganzen Propheten und Oberpriester des Egoismus.

Wir brauchen doch nur unser »Unternehmen Körper« anzusehen! Stellen wir uns auch nur eine Minute vor, unsere 80 Billionen Zellen würden nach diesem Egoisten-Prinzip handeln. Jede Zelle sei der anderen gegenüber ein Gegner und Feind! Wir wären gar als Totgeburt auf die Welt gekommen! Egoisten sind in unserem Körper nur die Krebszellen, d. h. kranke Zellen, die sich nicht dem Ganzen unterordnen, sondern ein Leben führen nach dem Motto: Zuerst ich, dann die anderen.

Egoismus ist im nach-pubertären Stadium so krank wie Krebs. Mag sein, dass es dem Krebsgeschwür eine Zeit lang ganz gut geht und es in Saus und Braus leben, sich durch Metastasen im Körper imperialistisch expandieren kann. Doch letztlich vernichtet Krebs seinen Wirt und damit sich selbst. Das ist seine Dummheit. Doch so verhält sich die Menschheit der Natur und Erde gegenüber!

»Der Urkampf in der Welt ist immer der Kampf der Evolution gegen die Egozentrik.« (Ken Wilber, a. a. O.)

Wenn wir auf diesem Planeten als Menschheit überleben wollen, dann ist es die wichtigste Aufgabe, dass jeder Einzelne und wir als Menschheit uns von der Egozentrik befreien. Die einzige Kraft, die diese Befreiung aus der EGO-Verkettung ermöglicht, ist die Intuition.

**Intuition als Kraft der Evolution**
Intuition ist unsere einzige Chance zu überleben.

Analysiert man die gegenwärtige Weltkrise mit dem Verstand (also auf der mentalen Ebene), so führen alle erdenkbaren Szenarien nur auf ein Entwicklungsziel hin: Die Selbstzerstörung der Menschheit. (Die Erde und Natur werden sicher überleben.)

In Deutschland war es Hoimar von Ditfurth, als erster bekannter Mahner, der die Hoffnung aufgegeben hatte (dokumentiert in seinem Buch: »So lasst uns denn ein Apfelbäumchen pflanzen«).

Doch sogar ein so profilierter Vordenker der bevorstehenden »Bewusstseinsrevolution« auf der Erde, Peter Russell, ist inzwischen pessimistisch geworden.

Selbst wenn wie durch ein Wunder eine kritische Masse einflussreicher Menschen plötzlich erleuchtet wäre und die Macht hätte, das Ruder herumzureißen, die Zeit sei bereits zu kurz. Denn es dauert natürlich eine Zeit, bis ein Öltanker auf voller Fahrt eine Kehrtwende um 180 Grad machen kann! So ein Koloss dreht sich nicht so schnell, wie ein Formel-I-Rennwagen. Selbst wenn wir heute zu Sinnen gekommen, das Ruder herumreißen würden, reichte die Zeit nicht aus.

Vielleicht braucht die Erde 100 Jahre, um die vom Menschen angerichteten Schäden wieder reparieren zu können (Ozonloch, Abholzung der Regenwälder, Vergiftung der Böden und des Wassers…) Peter Russell bleiben die Worte: »Wir fürchten das Ende unserer Welt, das Ende unserer Zivilisation. Aber möglicherweise ist das auch unvermeidlich. Immerhin hat sich keine Zivilisation in der Vergangenheit für immer gehalten.

Warum sollte die unsere da eine Ausnahme machen? Sowohl Therapeuten als auch spirituelle Lehrer sagen uns, das Hinnehmen oder sogar bereitwillige Akzeptieren unserer eigenen Sterblichkeit gehöre zum Gesündesten und Befreiendsten, was wir tun können. Vielleicht sollten wir in kollektiver Hinsicht dasselbe tun – das Ende der Welt, so wie wir sie kennen, hinnehmen und es sogar bereitwillig akzeptieren.«[8]

Der Verstand verzweifelt. Für ihn ist die Lage aussichtslos, hoffnungslos, ohne Rettung. Doch die spirituelle Sicht hat eine andere Wahrheit: »Die Welt geht nicht zum Teufel, sondern zu Gott.«

Es gibt eine interessante spirituelle Weisheit, die sicherlich auch hier greift: Das Leben konfrontiert uns immer nur mit solchen Problemen (als Lernaufgaben), die wir auch aus eigener Kraft bewältigen können.

Das soll für die Menschheit heißen: Die Schöpfung konfrontiert die Menschheit mit einem Problem, das sie in Überwindung der Egozentrik auch lösen kann. Was auf dem Spiel steht, ist die Entfaltung einer bewussten Menschheitsfamilie. Wir durchleben zur Zeit diesen Quantensprung in der Evolution!

Die Lösung der Krise ist nur noch spirituell denkbar:

DIE ZUKUNFT DER MENSCHHEIT
WIRD SPIRITUELL SEIN,
ODER SIE WIRD NICHT SEIN.

---

[8] Stanislav Grof, Ervon Laszlo, Peter Rusell: Die Bewusstseinsrevolution, S. 35 f.

Mit anderen Worten: entweder wir ordnen uns dem Schöpfungsplan unter oder aber wir gebärden uns weiterhin wie trotzköpfige Kinder, die nur ihren Willen durchsetzen wollen (»Eigenwilligkeit«) und bringen die Sache, die wir durch einen außer Rand und Band geratenen Verstand und eine rücksichtslose Egozentrik auf der Erde angerichtet haben, auch zu Ende.

Sich dem Schöpfungsplan unterzuordnen heißt (eine Hauptthese dieses Buches): sich der Intuition zu öffnen, sich ihr hinzugeben, sich von ihr führen zu lassen.

Das Ergebnis ist eine neue Art der Führung. Denn nur, wer sich führen lassen kann, kann auch selbst visionär führen: nichts anderem als dem Schöpfungsplan zu dienen.

Und dann haben wir mit der Kraft der Intuition die größte Kraft der Schöpfung hinter uns. Wir arbeiten nicht mehr egozentrisch gegen die Evolution, sondern durch die Intuition nutzen wir die Evolution als Rückenwind!

# Register

Im Buchhandel und Internet finden Sie stets brand-
aktuelle Themen, sowie zeitlose Wissensschätze von
*Kurt Tepperwein!*

Folgende Bücher und E-Books können Sie direkt über den BoD-Verlag
(www.bod.de/www.bod.ch) detailliert einsehen, bevor Sie sich für Ihr
Wunschthema entscheiden:

- Ab heute bin ich frei!
- Bäume ausreißen! – Trainingsheft für mehr Motivation
- Berufskrise ade! – Frei sein von Arbeitssucht, Stress, Burn-
  out, Mobbing, Innerer Kündigung und Arbeitslosigkeit
  Bewusstseinsprung in eine neue Dimension
- Blinddate mit Magen und Darm
- Bring Farbe in dein Leben mit Dankbarkeit
- Bring Farbe in dein Leben mit einem einfachen Lächeln
- Bring Farbe in dein Leben mit Heiterkeit
- Bring Farbe in dein Leben mit Herzensfülle
- Bring Farbe in dein Leben mit Hingabe pur
- Bring Farbe in dein Leben mit Liebesweisheit
- Bring Farbe in dein Leben mit Seelenkraft
- Bring Farbe in dein Leben mit Stille in dir
- Bring Farbe in dein Leben mit Wertschätzung
- Bring Farbe in dein Leben mit Zeitlosigkeit
- Das Buch der Erfolgsgesetze
- Die hohe Schule des Lebens
- Die Kunst mühelosen Lernens
- Die Praxis der geistigen Gesetze
- Die Renaissance der Frauenpower – 7 Schritte zur Liebesfähigkeit
- Du bist wie du bist!
- Ein Leben ohne Ängste und Sorgen? – Trainingsheft für mehr
  Lebensqualität
- Einfach nur schön
- Endlich wieder FIT! – Trainingsheft zur Gesunderhaltung
- Erwachen zum wahren Sein
- Folge deinem Leitstern
- Frau sein – ganz sein, Mentaltraining für eine neue Weiblichkeit
- Geistheilung durch sich selbst
- Gelassenheit
- Gelebte Achtsamkeit
- Gestalte dein Leben einfach neu! – Energetischer
  Impulsgeber zum Thema Alltagsführung

- Gesund für immer
- Glaube an Dich!
- Glücks-Gesetze
- GoldenWay Edition: Das Leben als Einweihungsweg
- GoldenWay Edition: Ihr Zauberstab Gedankenkraft
- Hilf dir selbst. Sei du selbst. Gesunde!
- Kausal-Training
- Leben im Überfluss, Die Zukunft selbst bestimmen
- Leben in der Gegenwart der Engel
- Liebst du mich auch? Energetischer Impulsgeber zum Thema Partnerschaft
- Nie mehr ärgern, bewusster leben
- Nie oder Jetzt! Aufbruch zur wahren Identität
- Out-Burn, Burn-out umkehren. Der Ausweg aus der Erschöpfungsfalle.
- Perlen der Weisheit
- Probleme adieu! Trainingsheft zur Konfliktbesänftigung
- Schreib Dein Leben um
- Selbstbewusst durchs Leben! – Energetischer Impulsgeber zum Selbstwert und Sicherheit
- Selbstheilungskräfte aktivieren
- Sinnfindung leicht gemacht! – Energetischer Impulsgeber zum Thema Bewusstwerdung
- Tepperwein Magazin der neuen Generation
- Tepperwein Magazin der neuen Generation 2
- Tepperwein Magazin: Wünsche & Träume mit Mental-Training verwirklichen
- Verwirklichung
- Von der Angst zur Lebensfreude
- Wahre Freundschaft: Tierisch echt!
- Was wünscht du dir vom Leben?
- WEIH-NACHTEN
- Willkommen in der Leichtigkeit
- Willst du erfolgreich sein? – Leitfaden zu Reichtum und Erfolg
- Wunder vollbringen durch schöpferische Imagination
- Zeit halt, stehengeblieben! – Trainingsheft für ein gutes Zeitmanagement